# Englisch

## 7.-10. Klasse

# Modal Auxiliary Verbs

Englisch

7.-10. Klasse

Doris C. Plass

# Modal Auxiliary Verbs

## Die Hilfsverben

FALKEN

# I N H A L T

9 JSG

MOSCOW

Eine Reise durch die Welt der modal auxiliary verbs.

# ZUM AUFWÄRMEN

## Was sind modal auxiliary verbs?

*Hello! Let me first introduce myself. My name is MacCool. I'm your guide on our journey through the world of modal auxiliary verbs. I welcome you* – dich, Kerstin, die nach den Sommerferien an einem *students' exchange programme* teilnehmen wird, – dich, Udo, der sich gerade in ein *Californian girl* verliebt hat, – dich, Carolina, die sich auf eine Englischarbeit vorbereitet, – und ich begrüße all die anderen jungen und junggebliebenen Menschen, *all the girls & boys, women & men, ladies & gentlemen,* die mit mir durch die Welt der *modal auxiliary verbs* reisen wollen.

Wahrscheinlich denkst du nun: *He must be crazy, this guy MacCool. I don't have the slightest idea what those modal auxiliary verbs might be. I can't even write or pronounce the words correctly. Why do I have to learn them?* Alles halb so schlimm. Denn wir haben schon die ganze Zeit *modal auxiliary verbs* benutzt – *must, might, can't, have to.*

modal auxiliary verbs = Modalverben oder modale Hilfsverben

Die **modal auxiliary verbs** sind keine Besonderheiten der englischen Sprache. Wir haben auch im Deutschen die **modalen Hilfsverben** oder **Modalverben:** können, dürfen, wollen, müssen, sollen. Sie ermöglichen dir, die Art und Weise einer Handlung (z. B. spielen, singen, gehen), und damit die **Sprechabsicht**, genauer zu bestimmen. Änderst du das Modalverb, so verwandelst du die Sprechabsicht des jeweiligen Satzes. Ein Beispiel:

Modalverben bestimmen die Sprechabsicht.

Du betonst entweder eine **Fähigkeit** (z. B. ein Talent) E-Gitarre zu spielen:

I **can** play the electric guitar.

Oder du drückst eine **Anweisung** aus (z. B. durch die Schule), E-Gitarre spielen zu müssen:

I **must** play the electric guitar.

Oder du hast die **Erlaubnis** (z. B. der Nachbarn), E-Gitarre spielen zu dürfen:

I **may** play the electric guitar.

Du siehst, daß dieser Satz ganz unterschiedliche Bedeutungen haben kann, je nachdem, welches modale Hilfsverb du auswählst. Sie heißen übrigens auch modale *'Hilfs'*verben, weil sie den Vollverben (z. B. play, sing, go) *helfen,* eine bestimmte Sprechabsicht (z. B. Fähigkeit, Anweisung, Erlaubnis) auszudrücken. Deshalb müssen sie immer ein Vollverb bei sich haben (z. B.: I can **sing**).

**Was unterscheidet modale Hilfsverben von Vollverben?**

Die modalen Hilfsverben unterscheiden sich von Vollverben dadurch, daß sie …

… kein **to** vor dem *infinitive* haben: can, aber: **to** play

… in allen Personen ihre Form beibehalten. Du brauchst also kein **s** in der dritten Person Einzahl *simple present* anhängen:

He/she/it **can play** the electric guitar, aber: He/she/it **plays**

… nicht in allen Zeiten benutzt werden können. Denn sie können weder das *present participle* (playing, singing, going), das *simple past* (played, sang, went), noch das *past participle* (3. Form) (played, sung, gone) bilden.

Sie werden mit bedeutungsverwandten Verben und Ausdrücken, den Ersatzverben, umschrieben:

He **can** play the electric guitar, aber:
He **was able to** play the electric guitar.

**Die auxiliary verbs be, have, do zeigen Personen und Zeiten an.**

**Modale Hilfsverben** darfst du nicht mit den **anderen Hilfsverben** *(auxiliary verbs)* **be, have** und **do** verwechseln. Diese Hilfsverben können nie die Art und Weise einer Sprechweise bestimmen. Jedoch sorgen sie dafür, daß du mit einem Vollverb verschiedene Personen und Zeiten bilden kannst:

I **am** playing. *(present continuous)*
Kevin **has** sung. *(present perfect)*
Sue and Helen **didn't** go. *(simple past)*

## Ein neues Lerngefühl: Wie dieses Buch aufgebaut ist

In **fünf Lektionen** werde ich dir Schritt für Schritt zeigen, wie du die modalen Hilfsverben verstehen und sicher anwenden kannst. Du wirst schon im ersten Kapitel merken, wie spielerisch du sie aufnimmst und wie leicht sie in dein Englisch einfließen.

**Schritt für Schritt kommst du zum Ziel.**

Ich verabreiche dir die **grammatischen Regeln** in kleinen, leicht verdaulichen Portionen. Du solltest unbedingt die nachfolgenden Übungen machen. Sie zeigen dir, ob du die modalen Hilfsverben in neuen Zusammenhängen anwenden kannst. Für manche Übungen brauchst du ein Heft, in das du die Lösungen schreibst. Du erkennst das am kleinen Heftsymbol direkt neben der Übung.

Jedes Kapitel endet mit einem kleinen Test (S. 25, 35, 49, 63, 73), mit dem du das Gelernte noch mal üben und dich für den großen Abschlußtest (S. 74–77) fit machen kannst.

Die Lösungen kannst du am Ende des Buches nachschlagen. Aber bitte nicht schummeln! Möchtest du Regeln nachschlagen, so helfen dir die kurzen einprägsamen Zusammenfassungen in den Randleisten.

Damit du dich im Buch auch gleich zurechtfindest, erkläre ich dir den Seitenaufbau an einem Beispiel auf der nächsten Seite. Wie du siehst, haben wir uns große Mühe gegeben, den Text möglichst übersichtlich zu gestalten: Regeln stehen auf grünem Grund, Beispiele sind weiß ausgespart. Im Anschluß an die Regelkästen findest du Aufgaben zum Einüben des Gelernten.

## So sind die Buchseiten aufgebaut:

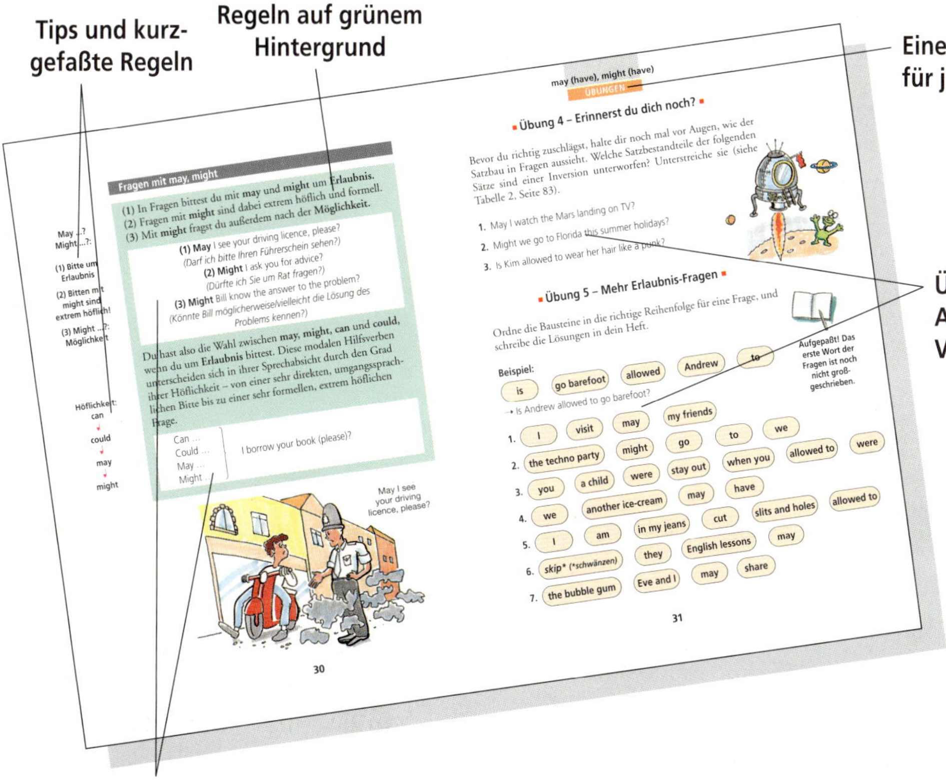


Die Regeln werden in jedem Kapitel in lernfreundlichen Portionen erklärt. Sie gliedern sich in Regeln zur Verwendung der Hilfsverben über solche zur Bildung von Sätzen, Fragen und Verneinungen bis zu Ergänzungen des umgangssprachlichen Englisch.
So, und jetzt kann's richtig losgehen – *and have fun!*

*Yours*

*MacCool*

# CAN KANN SO MANCHES!

## can, could (have)

### can und could (have)

Du kannst **can** zwar mit *können* übersetzen, jedoch mußt du beachten, daß du damit ähnlich wie im Deutschen verschiedene Sprechabsichten ausdrücken kannst. Du hast die Wahl zwischen einer (1) **Fähigkeit,** einer (2) **Erlaubnis,** einem (3) **Vorschlag** und einer (4) **Möglichkeit.**

**can:**

**(1) Fähigkeit**

**(2) Erlaubnis**

**(3) Vorschlag**

**(4) Möglichkeit**

**(1)** Helen **can** play the drums.
*(Helen kann Schlagzeug spielen.)*
**(2)** You **can** go out tonight.
*(Du darfst heute abend ausgehen.)*
**(3)** I **can** repair the bike for you.
*(Ich kann das Fahrrad für dich reparieren.)*
**(4)** School **can** be very boring.
*(Schule kann sehr langweilig sein.)*

Obwohl **could** die grammatische Vergangenheitsform *(simple past)* von **can** ist, werden nicht automatisch alle Sprechabsichten von **can** übernommen und in die Vergangenheit gesetzt. Mit **could** kannst du eine (1) **Fähigkeit** oder (2) **Erlaubnis in der Vergangenheit** sowie eine (3) **Möglichkeit** und einen (4) **Vorschlag in der Zukunft** ausdrücken.

**could:**

**(1) Fähigkeit (past)**

**(2) Erlaubnis (past)**

**(3) Möglichkeit (future)**

**(4) Vorschlag (future)**

**(1)** My granny **could** speak six languages.
*(Meine Oma konnte sechs Sprachen sprechen.)*
**(2)** On saturdays I **could** stay in bed till ten.
*(Samstags durfte ich bis 10 Uhr im Bett bleiben.)*
**(3)** Take a sweater. It **could** turn cold later.
*(Es könnte kalt werden.)*
**(4)** We **could** go to the cinema.
*(Wir könnten ins Kino gehen.)*

## could have

Mit **could have** sprichst du über in der Vergangenheit **verpaßte Möglichkeiten.**

**(1)** Why didn't you ask me? I **could have** lent you the money.
*(Ich hätte dir das Geld leihen können.)*
**(2)** Why didn't you wait? You **could have** waited for me.
*(Du hättest auf mich warten können.)*

Auf **could have** folgt das *past participle* (Partizip Perfect), also die dritte Verbform (siehe Tabelle 3, Seite 84). Die Formen im Überblick:

can + *infinitive* eines Vollverbs ohne *to*
could + *infinitive* eines Vollverbs ohne *to*
could have + *past participle* (3. Verbform)

**could have: verpaßte Möglichkeit**

## Übung 1 – Erinnerst du dich noch?

Bevor wir **can, could, could have** einüben, solltest du dir noch einmal die Merkmale der modalen Hilfsverben vor Augen führen. Erinnerst du dich noch? Vervollständige die Merksätze.

**1.** Modale Hilfsverben stehen immer mit einem

____________________.

**2. Can** und **could** steht immer vor dem

____________________

eines Vollverbs ohne

____________________.

**3. Can, could** und **could have** wird in allen

Personen (I / you / he / she / it / we / you / they)

____________________ gebildet.

## ■ Übung 2 – Entdecke die Sprechabsichten! ■

Setze **can, could** oder **could have** in die folgenden Sätze ein und schreibe sie in dein Heft. Nenne außerdem die jeweilige Sprechabsicht.

1. Liz (...) drive but she hasn't got a car.
2. Our neighbours say that you (...) play the drums whenever they are away.
3. Linda is a born athlete. She (...) run 100 metres in 13 seconds.
4. I (...) learnt how to speak Spanish with my South American grandmother but now she is dead and the chance has gone.
5. We (...) go to the seaside and watch the sunset.
6. Diana (...) ski all day and dance all night.
7. Why did you stop your piano lessons? You have such a talent for playing the piano. You (...) been one of the best piano players in Germany.
8. Mike (...) borrow his sister's surfboard at any time.
9. Cathy told Peter that she loved him *desperately** but Peter didn't listen to her. They (...) had a wonderful relationship. *(*hoffnungslos)*
10. Anybody (...) learn how to cook Italian.
11. You (...) finish off now. You have done enough work.
12. You (...) watch my video tapes.

## ▪ Übung 3 – can, could, could have ▪

Nun bilde selber Sätze mit **can, could** und **could have.** Die vorgegebenen Satzbausteine helfen dir dabei. Schreibe zu jedem Aufgabenteil drei Sätze in dein Heft.

**I.** Was konnte Großvater Arthur alles tun?

read hieroglyphs | play the piano | teach physics

**II.** Was hätte Helen machen können, wenn du sie gefragt hättest?

lend me money | wait for me | introduce me to Jack

**III.** Was sind deine Pläne für heute abend?

go to the disco | watch TV | study for my exam

**IV.** Was darfst du heute abend tun?

invite my friends | meet Janet | go dancing

## Das Ersatzverb be able to

be able to = can/could

Mit **be able to** drückst du nur eine einzige Sprechabsicht aus: die **Fähigkeit.** Möchtest du eindeutig eine Fähigkeit betonen, benutze **be able to** *(können, fähig sein)* anstelle des **can** oder **could.** So vermeidest du, mißverstanden zu werden. Denn du schließt die anderen Sprechabsichten aus.

I **can** drive my brother's motorbike.
→ I **am able to** drive my brother's motorbike.
They **could** beat the other team.
→ They **were able to** beat the other team.

be able to ist der Schlüssel für alle Zeiten!

Das Ersatzverb **be able to** hat einen entscheidenden Vorteil: Während **can/could** nur *simple present* und *simple past* bilden, kannst du mit **be able to** alle Zeiten bilden.

Tom **is able to** pass the exam. (Tom can pass the exam.)
Tom **was able to** pass the exam. (Tom could pass the exam.)
Tom **has been able to** pass the exam.
Tom **will be able to** pass the exam.

be in be able to ändert die Form!

Das Hilfsverb **be** in *be able to* ändert sich also in den verschiedenen Zeiten und Personen. Wenn du nicht mehr ganz sicher bist, wie die verschiedenen Formen von **be** aussehen, schau einfach in Tabelle 5 auf Seite 86 f. nach.
Wie die modalen Hilfsverben steht auch das Ersatzverb **be able to** immer mit dem Infinitiv *(infinitive)* eines Vollverbs ohne **to:**

Aunt Fiona was able to **smoke** twelve cigarettes at the same time.

Das **to** gehört also zum Ersatzverb **be able to** und nicht zum Infinitiv des folgenden Vollverbs (**smoke**)!

## Übung 4 - can, could, be able to

In welchen Sätzen kannst du **can** oder **could** durch **be able to** ersetzen? Schreibe nur diese Sätze mit **be able to** um.

1. That party **could** be an opportunity to make new friends.
2. Janet and Nuria are very clever with computers. They **can** use their computers to do the maths homework.
3. Joe **can** speak English, Spanish and Urdu.
4. School **can** be a real *nightmare**. *(*Alptraum)*
5. We **could** go to a techno club and have a nice time.
6. Brian **could** play the *didgeridoo** when he came home from his journey from Australia. *(*ein Holzblasinstrument der australischen Ureinwohner/der Aborigines)*

## Übung 5 – Oops!

Oops! Fünf der folgenden sechs Sätze haben Fehler. Kannst du sie entdecken? Schreibe die Sätze richtig in dein Heft.

1. Johnny really cans do something useful.
2. The children will able to understand computers.
3. I'm *head over heels** in love with my new girlfriend. I could kiss the whole world. *(*hier: total, vollkommen)*
4. I were able to climb up trees when I was a child.
5. He is able *walk the tightrope**. *(*auf einem Hochseil gehen)*
6. Sue have been able to learn Russian.

## Das Ersatzverb be allowed to

be allowed to = can/could

Du kannst **can** und **could**, die eine **Erlaubnis** ausdrücken, gegen das Ersatzverb **be allowed to** *(dürfen)* austauschen. Möchtest du ausdrücklich die Sprechabsicht Erlaubnis betonen, verwende **be allowed to** anstelle des **can** oder **could.**

Kim **can** stay up all night.
→ Kim **is allowed to** stay up all night.
Peter **could** watch TV all night when he was only 11.
→ Peter **was allowed to** watch TV all night …

Wie mit **be able to** hast du mit **be allowed to** die Möglichkeit, in allen Zeiten eine Erlaubnis auszudrücken:

Mit be allowed to holst du dir für alle Zeiten Erlaubnis.

I **am allowed to** play rugby. (I **can** play rugby.)
I **was allowed to** play rugby. (I **could** play rugby.)
I **have been allowed to** play rugby.
I **will be allowed to** play rugby.

*Ein Rugbyspiel auf einem „Trimmfestival" in Hamburg*

## ▪ Übung 6 – Erinnerst du dich noch? ▪

Die Regeln zur Bildung der verschiedenen Formen von **be allowed to** entsprechen denen von **be able to.** Erinnerst du dich noch? Dann ergänze die Merksätze und schreibe sie in dein Heft.

1. Das Ersatzverb **be allowed to** steht immer mit (...) ohne **to.**
2. Das (...) in **be allowed to** gehört nicht zum *infinitive* eines nachfolgenden Vollverbs.
3. Das Hilfsverb (...) in **be allowed to** ändert sich in den verschiedenen Personen und Zeiten (siehe Tabelle 5, Seite 86 f.).

## ▪ Übung 7 – can, could, be allowed to ▪

**I.** Ersetze **can** und **could** durch **be allowed to** und schreibe die Lösung in dein Heft.

Steve *has been dating** his new girlfriend Janet for some months. His parents really like her and that's the reason he **(1) can** do a lot of things. Now he **(2) can** go to pop concerts with her. He **(3) can** stay out late. He **(4) can** go to techno parties. They **(5) could** even travel to the North Sea for a few days.
*(*date someone = mit jemanden (aus-)gehen)*

**II.** Später erzählt Steve von diesen Ereignissen. Setze die Sätze aus I. in die Vergangenheit:

**(6)** I was allowed to do a lot of things.

**(7)** I ______________________

**(8)** I ______________________

**(9)** I ______________________

**(10)** We ______________________

## Fragen mit can, could (have)

**Der Tausch von modalem Hilfsverb und Subjekt in Fragen heißt Inversion.**

Bildest du aus Sätzen mit modalen Hilfsverben Fragen, ändert sich der Satzbau. Das modale Hilfsverb tritt dann an die erste Stelle, das Subjekt an die zweite und das Vollverb an die dritte. Diese Umstellung von Subjekt und modalem Hilfsverb heißt **Inversion** *(inversion):*

**John can** run very fast.

**Can John** run very fast?

**Bilde Fragen ohne do!**

Deshalb ist bei Fragen mit modalen Hilfsverben kein **do** erforderlich. Denn die modalen Hilfsverben haben in diesem Fall die gleiche Funktion wie die *auxiliary verbs* (**be, have, do**). Sie sind Hilfsverben zum Vollverb. Du übernimmst die modalen Hilfsverben einfach direkt in die Fragen. Sie stehen dann an erster Stelle:

**Can** you play the piano?
**Can** you see Emma?

Mit **do** formulierst du nur Fragen in Sätzen mit Vollverben. Denn die Vollverben brauchen ein zusätzliches Hilfsverb (z. B. **Do** you **play** football? **Did** you **sing** a song?). Bei mehreren Hilfsverben (z. B. **could have**) und den Ersatzverben **be able to** und **be allowed to** tritt nur das erste Hilfsverb an die erste Stelle (siehe Tabelle 3, Seite 84 und Tabelle 5, Seite 86 f.).

**Robert could have** waited for Emily.

**Could Robert have** waited for Emily?

**Rachel is able to** win the dancing competition.

**Is Rachel able to** win the dancing competition?

## Bitten mit can, could

Mit **can** und **could** in Fragen formulierst du **Bitten. Could** ist dabei die höflichere Form des Fragens.

**Can** I buy you a drink?
**Could** I have another cup of coffee, please?

Eine Antwort auf eine **could**-Frage mußt du immer mit **can** formulieren:

**Could** I take your car? Yes, of course, you **can.**

**Bitte:**
**Can ...? Could ...?**

**Could macht's höflicher!**

## ▪ Übung 8 – Fragen über Fragen ▪

Bilde aus den nachfolgenden Sätzen Fragen und schreibe sie in dein Heft.

**Beispiel:**
She can cook Indian *dishes**. → Can she cook Indian dishes? *(*Gerichte)*

**1.** My grandfather could play the piano. **2.** His younger sister is able to *juggle** with little balls. *(*jonglieren)* **3.** Bruce has been able to program his computer. **4.** Linda could become an excellent tennis player. **5.** He can remember all the streets in York. **6.** Tim can stand on his head on the table. **7.** The pupils have been able to pass the exam. **8.** Sarah will be able to ride a surfboard.

## ▪ Übung 9 – Could I have ...? ▪

Du bist zum Essen eingeladen und möchtest von allem mehr. Entscheide dich für die höfliche Fragestellung und schreibe die Frage mit positiven Antworten in dein Heft.

**Beispiel:**
Could I have more tea, please? – Yes, you can.

1.

2.

3.

4.

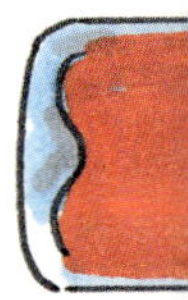

5.

## Verneinung: cannot, could not (have)

Die Verneinung von **can** zu **cannot** (Kurzform: **can't**) wandelt die meisten Sprechabsichten in ihr Gegenteil um. Aus einer Fähigkeit wird eine (1) **Unfähigkeit,** aus einer Erlaubnis wird ein (2) **Verbot** und aus einer Möglichkeit wird eine logische Unmöglichkeit und somit eine (3) **Schlußfolgerung.**

**cannot (can't):**

**(1)** He **can't** speak French.
*(Er kann nicht Französisch sprechen.)*

**(1) Unfähigkeit**

**(2)** You **can't** have my new BMX bike.
*(Du darfst mein neues BMX-Rad nicht haben.)*

**(2) Verbot**

**(3)** She **can't** be in Joe's cafe. I saw her in the Cuban club.
*(Sie kann nicht in Joe's Café sein.)*

**(3) Schluß-folgerung**

**Cannot** in Fragen verwandelt eine Bitte in einen (4) **Vorschlag.**

**cannot (can't)?:**

**(4) Can't** we sit down?
*(Könnten wir uns nicht hinsetzen?)*

**(4) Vorschlag**

Eine **Schlußfolgerung**, die sich auf die Vergangenheit bezieht, drückst du mit **cannot have** (Kurzform: **can't have**) aus.

**cannot have (can't have): Schlußfolgerung (past)**

Kathy **cannot have** forgotten our meeting.
I saw her making a knot in her handkerchief.
*(Kathy kann unser Treffen nicht vergessen haben.)*
Bill **cannot have** stolen the money. He was in France when it *disappeared**. *(*disappear = verschwinden)*
*(Bill kann das Geld nicht gestohlen haben.)*

*6.*

## Could not, not be able / allowed to

could not (couldn't):

**Could not** (Kurzform: **couldn't**) verwandelt eine Fähigkeit in eine (1) **Unfähigkeit** und eine Möglichkeit in eine (2) **Unmöglichkeit** in der Vergangenheit.

(1) Unfähigkeit (past)

(2) Unmöglichkeit (past)

**(1)** My father **couldn't** even repair a bike when he was a boy.
*(Mein Vater konnte nicht einmal ein Fahrrad reparieren …)*
**(2)** The man **couldn't** find water in the desert because it had not rained for years.
*(Der Mann konnte in der Wüste kein Wasser finden …)*

Verwendest du die Ersatzverben **not be able to** und **not be allowed to,** achte auf die verneinte Form des Hilfsverbs **not be** (siehe Tabelle 5, Seite 86 f.):

not be ändert die Form!

Tim **isn't able to** beat John in the long-distance run.
Janet **wasn't allowed to** play the trumpet.
I have not played tennis for years. I **won't be able to** win against Boris.

### ▪ Übung 10 – Verneinung ▪

Beantworte die folgenden Fragen negativ. Schreibe die Antwort in dein Heft.

**Beispiel:**
Is Grandma able to climb trees? → No, she isn't able to climb trees.

**1.** Can your parrot *whistle*? (*pfeifen)* **2.** Was Rob allowed to wear bright yellow trousers for the funeral? **3.** Can you stay out all night? **4.** Has Andrew been able to fax you a message? **5.** Will Tim and his crew be able to win the next boat race? **6.** Could Peter have taken my magazine? **7.** Can you stand on your head on a table? **8.** Are mice really able to frighten elephants?

## ■ Übung 11 – an unequal pair ■

Mike und Angie haben sehr unterschiedliche Fähigkeiten. Hier ist eine Liste mit dem, was sie können (+) und was sie nicht können (–). Schaue in die Liste und vervollständige die nachfolgenden Beschreibungen von Mike und Angie.

| Mike | Angie | |
|---|---|---|
| – | + | speak German |
| + | – | dance to rap music |
| – | + | understand maths |
| – | + | program in BASIC |
| + | – | ride a motorbike |
| + | – | ski |

**1. Mike** can ski, ______________________ and

______________________.

He is a very sporty boy but he has no idea about computers; he

______________________ and he ______________________.

He is very bad at languages; he ______________________.

**2. Angie** ______________________ and

______________________.

She is very good at languages, too; she

______________________.

Unfortunately she has got no interest in sport; she

______________________, ______________________,

and she ______________________.

## Übung 12 – Langeweile muß nicht sein

Alle deine Freunde und Freundinnen wissen nichts mit sich anzufangen. Doch du hast viele Ideen und schlägst ihnen eine Menge vor. Suche die passenden Vorschläge für die nachfolgenden Sätze heraus. Vervollständige die Sätze mit den modalen Hilfsverben **can't** und **could.**

**1.** We ______________ ______________ on the Baltic Sea.

**2.** ______________ we ______________ in the Lake District?

**3.** ______________ we ______________ from the boathouse?

**4.** We ______________ ______________ in town.

**5.** ______________ we ______________ in the hip-hop club?

***go dancing***

***go shopping***

***go on a sailing trip***

***hire a boat***

***go hiking***

## Test 1: A Lesson in Surfing

Liz und Nigel schmieden Pläne für ihren Tag am Meer. Ergänze die Sätze in deinem Heft. Möglich sind: **could have, can, can't, could, am able to, wasn't able to.** Manchmal passen auch mehrere Verben. Pro richtiger Lösung gibt es einen Punkt.

**Nigel:** I feel a bit tired and have no idea what we **(1)** (…) do today. **(2)** (…) we just go to the beach and sunbathe?
**Liz:** Come on, you *lazy bones**. We **(3)** (…) go and hire surfboards. *(*Faulpelz)*
**Nigel:** I'm sorry, Liz, but I **(4)** (…) even surf, and I think it is very exhausting. **(5)** (…) we do something more relaxing?
**Liz:** I **(6)** (…) do it. So stand up and come with me!
**Nigel:** You are always so sporty. Do you mean that even I **(7)** (…) learn how to surf?
**Liz:** Of course, you **(8)** (…) You **(9)** (…) if you want to.
**Nigel:** All right. Let's make a deal. I surf from one end of the lake to the other, and then we go dancing tonight.
**Liz:** All right.

And Liz was right. At the end of the day Nigel **(10)** (…) surf from one end of the lake to the other. But surfing was to much for the "lazy bones". He was really exhausted and **(11)** (…) go dancing. He probably **(12)** (…) gone if he hadn't done so much surfing.

**Trage hier deine Punktzahl ein:**

**(1)** ___
**(2)** ___
**(3)** ___
**(4)** ___
**(5)** ___
**(6)** ___
**(7)** ___
**(8)** ___
**(9)** ___
**(10)** ___
**(11)** ___
**(12)** ___
**Summe:** ___

**Hast du weniger als 10 Punkte? Oje – dann solltest du dieses Kapitel noch einmal durcharbeiten.**

# WAHRSCHEINLICH ODER ERLAUBT?

## may (have), might (have)

### may (have) und might (have)

**may/might: Möglichkeit (present, future)**

Mit **may** und **might** drückst du eine **Möglichkeit** bzw. **Vermutung** in der Gegenwart und Zukunft aus. **May** betont dabei eine leichte, **might** eine extreme Unsicherheit.

Mike **may** come to the party. Peter **might** come as well, but he doesn't like parties.
*(Mike kommt wahrscheinlich zur Party. Peter kommt vielleicht auch, aber ...)*

**Wahrscheinlichkeit: can → could → may → might**

Auch mit **can** und **could** konntest du schon eine Möglichkeit ausdrücken. Doch die Wahrscheinlichkeit, daß eine Möglichkeit eintrifft, sinkt von **can** über **could** und **may** bis zu **might.**

He **can** be at home. I saw him half an hour ago.
He **could** be at home. He is usually at home at this time.
He **may** be at home. But I'm not quite sure.
He **might** be at home. But he has probably gone out.

**Möglichkeit (past): may have might have**

Spekulierst du über eine **Möglichkeit** in der Vergangenheit, benutzt du **may have** oder **might have.**

Sabrina is very late.
She **may have** missed the bus.
Where is my purse?
You **might have** left it in the pub.

Mit **may** kannst du auch eine **Erlaubnis** erteilen. Allerdings klingt das recht formell:

Spezialfall: may für Erlaubnis

You **may** go. *(Du darfst gehen.)*
You **may** park here. *(Sie dürfen hier parken.)*

In der Umgangssprache würde man in solchen Fällen eher **can** benutzen:

You **can** go. / You **can** park here.

Wenn **may** eine Erlaubnis ausdrückt, kannst du auch das Ersatzverb **be allowed to** verwenden:

be allowed to

You **may** go. → You **are allowed to** go.

Obwohl **might** nicht die Vergangenheitsform von **may** ist, wird aus **may** in der indirekten Rede *(indirect/reported speech)* nach einem einführenden Verb im *simple past* **might**:

May wird zu might in der indirekten Rede nach said, told usw.

Jenny said, "I **may** hire inline skates."
→ Jenny said that she **might** hire inline skates.
The teacher said, "You **may** go."
→ The teacher said that I **might** go.
(umgangssprachlich: … "You **can** go." → … said that I **could** go.)

## Übung 1 – Erinnerst du dich noch?

Schreibe die Lösung in dein Heft.

**1.** Welche Regel gilt für die Reihenfolge von **may** und **watch** im folgenden Satz?:
We **may watch** the soccer match on TV.
**2.** Welche Verbform hat **climb** im folgenden Satz:
Aunt Cynthia might **climb** the highest mountain in Great Britain, Ben Nevis.
**3.** Wie verhalten sich **may** und **might** gegenüber verschiedenen Personen? (siehe Tabelle 2 für can, Seite 83).
**4.** Kennst du noch die Vorteile, die das Ersatzverb **be allowed to** bringt?

## Übung 2 – may (have) & might (have)

**I.** Ergänze die folgenden Sätze mit **may, might, may have** oder **might have.** Überlege auch, in welchen Sätzen eine Erlaubnis weniger formell (also mit can oder could) ausgedrückt werden könnte.

**Patricia:** Our teacher said that we **(1)** (...) use a calculator for the maths test.

**Mike:** Great. I'm always so nervous and make silly mistakes. I **(2)** (...) get better marks this way.

**Ben:** Do you know if Jenny is in her room?
**Jack:** She **(3)** (...) be; she's usually in her room in the evening.
**Ben:** But she **(4)** (...) been out yesterday. I didn't see any lights.
**Jack:** She switched them off because she went to bed very early. She **(5)** (...) been very tired from his football practice.

**Mother:** You do all your homework, and you **(6)** (...) go to the cinema.
**Sally to Janet:** My mother said that **(7)** (...) go to the cinema.

**II.** In welchen Sätzen kannst du das Ersatzverb **be allowed to** benutzen? Schreibe nur diese Sätze mit einer Form von **be allowed to** in dein Heft.

## ▪ Übung 3 – If you win in the lottery ... ▪

Ergänze mit **may** oder **might.** (Oft ist beides möglich.)

**Alan:** I **(1)** ____________ win the jackpot £ 1 million this time.

**Rita:** Get off! Last week you said the same. You said that you **(2)** ____________ win at least half a million. But you forgot to hand in your lottery ticket.

**Alan:** I was only practising. But last month I had three of the numbers right. It was enough to go to the cinema and to go for a drink. But this time I **(3)** ____________ become a real millionaire. I've got a new system.

**Rita:** If you win, what will you do with the money?

**Alan:** Well, I **(4)** ____________ invite all my friends to a big party in my new house, I **(5)** ____________ buy each of them a new BMX bike, and we all **(6)** ____________ go on a long journey around the world.

**Rita:** It's a pity that all this only **(7)** ____________ happen. But maybe you win enough to invite me to the cinema and for a drink. Hurry up. Hand in your lottery ticket today.

## Fragen mit may, might

May ...?
Might ...?:

(1) Bitte um Erlaubnis

(2) Bitten mit might sind extrem höflich!

(3) Might ...?: Möglichkeit

(1) In Fragen bittest du mit **may** und **might** um **Erlaubnis.**
(2) Fragen mit **might** sind dabei extrem höflich und formell.
(3) Mit **might** fragst du außerdem nach der **Möglichkeit.**

**(1) May** I see your driving licence, please?
*(Darf ich bitte Ihren Führerschein sehen?)*
**(2) Might** I ask you for advice?
*(Dürfte ich Sie um Rat fragen?)*
**(3) Might** Bill know the answer to the problem?
*(Könnte Bill möglicherweise/vielleicht die Lösung des Problems kennen?)*

Höflichkeit:
can
↓
could
↓
may
↓
might

Du hast also die Wahl zwischen **may, might, can** und **could,** wenn du um **Erlaubnis** bittest. Diese modalen Hilfsverben unterscheiden sich in ihrer Sprechabsicht durch den Grad ihrer Höflichkeit – von einer sehr direkten, umgangssprachlichen Bitte bis zu einer sehr formellen, extrem höflichen Frage.

Can ...
Could ...
May ...
Might ...
} I borrow your book (please)?

## Übung 4 – Erinnerst du dich noch?

Bevor du richtig zuschlägst, halte dir noch mal vor Augen, wie der Satzbau in Fragen aussieht. Welche Satzbestandteile der folgenden Sätze sind einer Inversion unterworfen? Unterstreiche sie (siehe Tabelle 2, Seite 83).

1. May I watch the Mars landing on TV?
2. Might we go to Florida this summer holidays?
3. Is Kim allowed to wear her hair like a punk?

## Übung 5 – Mehr Erlaubnis-Fragen

Ordne die Bausteine in die richtige Reihenfolge für eine Frage, und schreibe die Lösungen in dein Heft.

**Aufgepaßt! Das erste Wort der Fragen ist noch nicht großgeschrieben.**

**Beispiel:**

is | go barefoot | allowed | Andrew | to

→ Is Andrew allowed to go barefoot?

1. I | visit | may | my friends
2. the techno party | might | go | to | we
3. you | a child | were | stay out | when you | allowed to | were
4. we | another ice-cream | may | have
5. I | am | in my jeans | cut | slits and holes | allowed to
6. *skip** *(*schwänzen)* | they | English lessons | may
7. the bubble gum | Eve and I | may | share

## Verneinung: may not, might not

may not:
(1) Verbot
(present, future)

Mit **may not** sprichst du ein (1) **Verbot** für die Gegenwart wie Zukunft aus. Außerdem kannst du mit **may not** oder **might not** eine (2) (**negative**) **Vermutung** oder Möglichkeit ausdrücken: Vielleicht tritt etwas **nicht** ein. **May not** betont dabei eine leichte, **might not** eine größere Unsicherheit der Vermutung/Annahme.

may not/might not:
(2) (negative) Möglichkeit
(present, future)

**(1)** We **may not** play football in the backyard.
*(Wir dürfen im Hof nicht Fußball spielen.)*
**(2)** The teacher **may not/might not** ask you difficult questions in the examination.
*(Vielleicht stellt der Lehrer keine schwierigen Fragen in der Prüfung.)*

Verwende die ausgeschriebene Form **may not.** Die Kurzform **mayn't** ist nicht mehr gebräuchlich. **Mightn't** dagegen ist durchaus üblich.
Möchtest du mit **may/might not** Fragen formulieren, so benutze die Redewendung **Do you think (that).**

Do you think (that) ... may/might not ...?

**Do you think that** he **may not** invite me for lunch?
**Do you think that** she **might not** love me?

## Übung 6 – A Word Puzzle

Löse das Kreuzworträtsel, indem du die erfragten Begriffe senkrecht in die Spalten einträgst.

**Die roten Kästchen ergeben das Lösungswort!**

1. Welche Sprechabsicht ist ausgedrückt?
   You may sit down.
2. Welches Hilfsverb paßt in die Lücke?
   I (...) come with you. But I'm not sure.
3. Welches Hilfsverb würdest du verwenden? (Du bist dir sehr unsicher.):
   He (...) be at home, but he goes usually dancing Saturday nights.
4. Peter erzählt unglaubliche Geschichten. Du traust ihm nicht, denn:
   Peter (...) tell the truth.
5. Welche Sprechabsicht ist ausgedrückt?
   You may not go to the cinema.
6. Wird Peter zur Fete kommen? Du hast verschiedene Möglichkeiten, deine Vermutung auszudrücken:
   Peter may come. He might come. He can come. Oder: He (...) come.
7. Welches Ersatzverb kannst du hier für may einsetzen?
   Jenny may wear jeans with slits and holes.

## ▪ Übung 7 – Excursion to the Lake District (1) ▪

Miss Parker ist mit ihrer Klasse in den Lake District, ein Naturschutzgebiet an der Westküste von Nordengland, gefahren. Vervollständige die Unterhaltung mit **may, might** oder **be allowed to** (1x). Schreibe die Lösungssätze in dein Heft.

**Miss Parker:** Look! These are the hills in the tourist brochure. It says that most tourists enjoy the beautiful view from the top, but some adventurous tourists not only walk up but climb up the *steep** rocks as well. *(* steil)*
**Tim: (1)** (...) I climb up the rocks, too?
**Miss Parker:** No, you **(2)** (... not) be able to climb up the rocks on your own.
**Tim:** But I am able to climb up rocks. Last year I was on a mountain tour with my parents. David and Angie came with us, too. The three of us learnt a lot about *mountaineering** and climbing on that holiday. After that, we **(3)** (...) go on our own for short tours. *(*bergsteigen, wandern)*
**Angie and David: (4)** (...) we go with him and help him climb those dangerous rocks?
**Miss Parker:** Well, as you are all experienced, you all **(5)** (...) go now for a short walk. I expect you to be back in one hour. You **(6)** (... not) stay there any longer or climb up the rock on its steep side. Is that clear?

*(To be continued.)*

## Test 2: Mixed Sentences

Was kommt wo hin? Setze **may, might, may have, might have** oder eine Form von **be allowed to** ein. Es gibt immer mehrere Möglichkeiten. Für jedes richtige Lösungswort erhältst du einen Punkt.

**1.** Look at those dark clouds. It ______________ rain any minute.

**2.** What do you expect to find behind the rainbow?
Well, my grandfather thought that there ______________ been a pot of gold. But I think that there ______________ be a lovely girl waiting for me.

**3.** I can't find my dictionary; I ______________ left it in the library.

**4.** Do you know why Patrick isn't at school? – I'm not sure. He ______________ have a cold. – Yes, that's right. He is in bed, and ______________ (not) get up. His parents told me that he *has a temperature**. *(*Fieber haben)*

**5.** Sue didn't come to the lesson on time. Do you think that she ______________ missed the bus?

**6.** You ______________ seriously loose your *confidence** if you always think about your imperfections. *(*Selbstvertrauen)*

**7.** My sister said that I ______________ use her computer. She told me that I ______________ play with her computer games.

**Deine Punktzahl:**
**(1)** ___
**(2)** ___
___
**(3)** ___
**(4)** ___
___
**(5)** ___
**(6)** ___
**(7)** ___
___
**Summe:** ___

Hast du weniger als 13 Punkte?
Dann wiederhole bitte dieses Kapitel.

# AB UND ZU MUSST DU MÜSSEN

## must, need

### must

must:

Mit **must** kannst du, wie mit dem deutschen „müssen", verschiedene Sprechabsichten ausdrücken. Du kannst eine (1) **Notwendigkeit** betonen, eine (2) **Anweisung** geben oder eine (3) **Schlußfolgerung** ziehen.

(1) Notwendigkeit

**(1)** You **must** phone the hospital at once. It's urgent.
*(Du mußt sofort im Krankenhaus anrufen.)*

(2) Anweisung

**(2)** You **must** pay attention.
*(Du mußt aufpassen.)*

(3) Schlußfolgerung

**(3)** Kevin's light is on. He **must** be at home.
*(Er muß zu Hause sein.)*

**Must have** drückt nur eine Sprechabsicht aus: Du ziehst eine **Schlußfolgerung** über die Vergangenheit.

must have: Schlußfolgerung (past)

James and Angie stayed out all night, and came home very exhausted.
They **must have** gone to a wild party.
*(Sie müssen auf einer wilden Party gewesen sein.)*
Peter **must have** been here. He left a note.
*(Peter muß hier gewesen sein.)*

## Das Ersatzverb have to

**Mit have to kannst du in allen Zeiten müssen!**

Da es **must** nur im *simple present* gibt (I must go) mußt du für alle anderen Zeiten das Ersatzverb **have to** benutzen (siehe Tabelle 4, Seite 84 f.):

*simpe past:* I **had to** go.
*present perfect:* I **have had to** go.

Mit **have to** kannst du eine (1) **Notwendigkeit** betonen oder eine (2) **Anweisung** geben.

**have to:**

**(1) Notwendigkeit**

**(2) Anweisung**

**(1)** I **have to** stop smoking. It's really bad for my health.
*(Ich muß mit dem Rauchen aufhören.)*
**(2)** You **have to** listen to the teacher.
*(Du mußt dem Lehrer zuhören.)*

Es gibt einen wichtigen Bedeutungsunterschied zwischen **must** und **have to:**
Wenn jemand selbst eine Anweisung ausspricht, verwendet er/sie (als Autoritätsperson) **must.** Redet man über eine Anweisung, die jemand anderes (z. B. Arzt, Mutter, Vater, Schule) auferlegt hat, benutzt man **have to.**
Hältst du selber etwas für zwingend, verwendest du ebenfalls **must:**

I **must** work a lot now. I have been lazy the last few weeks.

## have got to

**Umgangssprache:**

**have to = have got to**

Häufiger als **have to** wirst du in der Umgangssprache **have got to** hören. **Have got to** steht nur bei (1) konkreten und (2) regelmäßig ausgeführten Handlungen und (3) nur im *simple present.*

**(1)** You **have got to** wash the jeans; they are really dirty.
**(2)** I **have got to** got to school every morning at 8.00 a.m.
**(3)** I **have got to** go to the dentist.
aber: I **had to** go to the dentist yesterday *(simple past).*

## Übung 1 – Was meinst du?

Du bist inzwischen schon Fachmann/-frau für Hilfsverben. Die folgenden Fragen kannst du daher sicher leicht beantworten.

1. Ändern sich **must** und **have to** für bestimmte Personen?
2. Zu welchem Wort gehört das **to** im folgenden Satz?:
   Mike **has to walk** his dog twice a day.

## Übung 2 – have (got) to

Setze eine Form von **have (got) to** ein. Benutze dein Heft.

**1.** Aunt Mabel (…) wear skirts when she was young. She wasn't allowed to wear fashionable trousers. **2.** My father says that I (…) tidy up my room. **3.** I couldn't find my bicycle repair set. I (…) look for it all day. **4.** Before Julian could go out with his friends, he (…) wash up all the dishes. **5.** We (…) get up early this morning. We wanted to catch the first train to Glasgow.

## Übung 3 – must oder have to?

Bilde aus den vorgegebenen Satzteilen Sätze mit **must** oder **have to.** Überlege, ob der Sprecher selbst oder jemand anderes die Anweisung gibt.

1. *Fabian:* I: be at home at 11.00 pm
2. *Anna:* I: practice the violin for three hours every day (My mother says so)
3. *Policeman:* You: drive on the left-hand side in Britain
4. *Simon:* I: forget my troubles
5. *Rachel:* I: stop to spend so much money on clothes
6. *Teacher:* You: listen carefully

1. Fabian: I have to be home at 11.00 pm. ____________
2. Anna: ____________
3. Policeman: ____________
4. Simon: ____________
5. Rachel: ____________
6. Teacher: ____________

## Übung 4 – must oder must have?

Setze **must** oder **must have** ein, und schreibe die Lösungssätze in dein Heft.

**1.** The rock concert (...) been really *deafening**. Joe has still got a buzzing in his head. *(*ohrenbetäubend)* **2.** You (...) clean up your boots before you come into the house. You will ruin my new carpet. **3.** Our deck chairs are completely soaked with water. It (...) been raining. **4.** We (...) change trains at Victoria Station. **5.** I wonder where Helen spent the night; she (...) slept at Joan's place.

### Fragen mit must, have to

**must ...?:**

Die Sprechabsichten von **must** und **have to** sind in Fragen dieselben wie in Aussagesätzen. Du fragst nach einer (1) **Notwendigkeit,** (2) **Anweisung** oder (3) **Schlußfolgerung.**

**(1) Notwendigkeit**
**(2) Anweisung**
**(3) Schlußfolgerung**

**(1) Must** I pay my debts now?
**(2) Must** we always be on time?
**(3)** Ben has a temperature. **Must** he stay in bed?

**have to:**

**Fragen mit do gebildet**

Im Gegensatz zu **must** und anderen modalen Hilfsverben, bei denen Fragen durch die Umkehrung von erstem Hilfsverb und Subjekt *(inversion)* gebildet werden, werden Fragen von **have to** mit **do** gebildet (siehe Tabelle 4, Seite 84 f.):

**Do** you really **have to** practise the trumpet at midnight?
**Does** she **have to** go home early?

## Übung 5 – Noch mehr Fragen

I. Formuliere die nachfolgenden Sätze als Fragen.

**1.** I must study for my exam. **2.** You must drive on the left-hand side in Britain. **3.** Peter has to learn the computer language FORTRAN. **4.** Ann has to walk her dog four times a day. **5.** I must tell my Mum where I'm going.

II. Was ist richtig? Was ist falsch? Streiche eine von den beiden eingeklammerten Möglichkeiten weg.

**Beispiel:**
Why (must I) ~~(I must)~~ stop smoking?

1. Once again you haven't done the homework. You really must do your homework. – Why (must I) (I must) do it? It's so boring.
2. What did you say? What (I must do) (must I do)? – You must learn how to behave.
3. Yesterday I had an appointment with the headmaster. I had to get up very early. – When did you (have to) (had to) get up?
4. How many vitamin pills do you (have) (have to take) a day? – I need at least ten a day.
5. (It must) (Must it) be love! My heart *flips** whenever I see you.
   *(*ausflippen, einen Satz machen)*

## Verneinung: must not, need not, do not have to

Verbot: must not (mustn't)

Die verneinte Form **must not** (Kurzform: **mustn't**) kannst du nur noch für eine einzige Sprechabsicht, nämlich für ein **Verbot,** benutzen:

You **mustn't** smoke in the classroom.
*(Du darfst im Klassenzimmer nicht rauchen.)*

Fehlen einer Notwendigkeit:

(1) need not (needn't)

(2) do not (don't) have to

Für das **Fehlen einer Notwendigkeit** mußt du (1) **need not** (Kurzform: **needn't**) oder die Verneinung des Ersatzverbs mit **do** zu (2) **do/does not have to** (Kurzform: **don't/doesn't have to**) verwenden.

**(1)** You **needn't** collect me from the station. I'll take a taxi.
*(Du mußt/brauchst mich nicht vom Bahnhof abholen.)*
**(2)** David **doesn't have** to ask for the way. He knows Dublin very well.
*(David muß/braucht nicht nach dem Weg zu fragen.)*

Wie Fragen werden also auch Verneinungen von **have to** mit **do** gebildet (siehe Tabelle 4, Seite 84 f.):

You **don't have to** go shopping.
She **doesn't have to** help me.

*Im Zentrum von Dublin*

## must not und need not im Vergleich

Verwechsle **must not (mustn't)** nie mit dem Deutschen *nicht müssen.* **Must not (mustn't)** heißt *nicht dürfen. Nicht müssen* oder *nicht brauchen* wird mit **need not (needn't)** übersetzt. Zu beiden modalen Hilfsverben gehören auch noch unterschiedliche Ersatzverben. Das Ersatzverb für **mustn't** ist **not be allowed to.** Das Ersatzverb für **needn't** ist **do not have to.** Eigentlich kennst du schon beide. Die folgende Übersicht zeigt sie dir noch einmal im Vergleich:

| Deutsch: | Englisch: | Ersatzverb: |
|---|---|---|
| nicht müssen, nicht brauchen | need not (needn't) | do not have to |
| nicht dürfen | must not (mustn't) | not be allowed to |

Die Hilfsverben **must not (mustn't)** und **need not (needn't)** kannst du nur im *simple present* verwenden. Für alle anderen Zeiten benötigst du die Ersatzverben (siehe Tabellen 4 und 5, Seite 84 ff.).

### Übung 6 – do not have to & not be allowed to

Formuliere die folgenden Sätze mit dem jeweiligen Ersatzverb um, und setze sie dann in das *simple past* und *future simple („shall/will"-future).*

**1.** Janet **needn't** practise dancing. **2.** Johnny **mustn't** ride his skateboard in the *pedestrian precinct.* * *(* Fußgängerzone)*
**3.** You **needn't** think that you are a movie star.
**4.** Children **mustn't** buy alcoholic drinks.

## ▪ Übung 7 – Schilderwald ▪

Was bedeuten die Schilder? Auf einigen mußt du etwas tun, auf anderen darfst du etwas nicht tun. Ordne die Schilder den Sätzen zu und vervollständige dann die Sätze. Benutze auch das Ersatzverb, wenn dies korrekt ist.

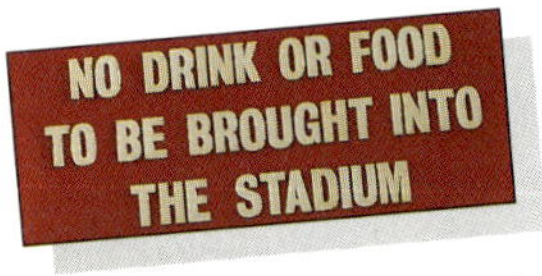


**1.** You ______________ bring your own food into the stadium.

**2.** You ______________ park here. If you do, your car wheels will be *clamped**, and you will have to pay a fine of up to £80.

*(*Anbringung einer Befestigungsklammer am Autoreifen, die das Fahren unmöglich macht)*

**3.** Before crossing a street, pedestrians ______________ wait until the lights switch to green.

**4.** A sign in James Park says that you ______________ feed the pelicans.

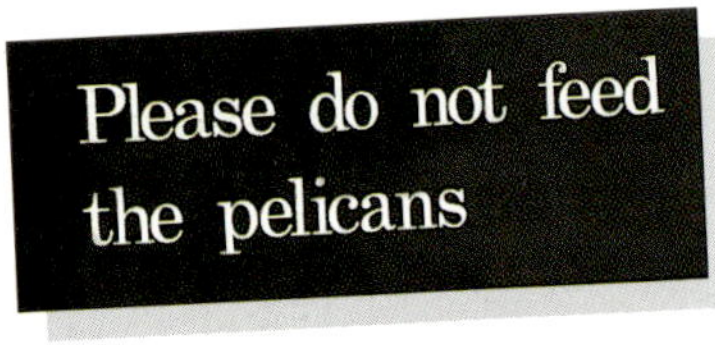

**5.** In this area you ______________ cycle or play ball games.

**6.** The sign says that you ______________ walk across that property. You will be prosecuted it you do.

## Übung 8 – Kennst du noch den Unterschied?

Erkläre den Unterschied zwischen den zwei Satzpaaren I. a. und I. b., II. a. und II. b. Ergänze die Sätze so, daß die Bedeutung eines jeden Satzes klarer wird.

**I. a.** You mustn't go to school.
**b.** You needn't go to school.

**II. a.** Eve mustn't leave James.
**b.** Eve needn't leave James.

## Übung 9 – You mustn't / You needn't

Setze **mustn't** oder **needn't** in die folgenden Sätze ein.

**1.** You ______________ eat so many *jelly babies**. They are bad for your teeth. *(*Gummibärchen)*

**2.** You ______________ bring your raincoat. It isn't going to rain.

**3.** You ______________ worry. You will pass the exam.

**4.** You ______________ sail any further. The sea is too rough.

**5.** You ______________ tell your Mum that we go to a rave party.

**6.** You ______________ buy any orange juice. We have got enough.

**7.** You ______________ tell her what I bought her for birthday.

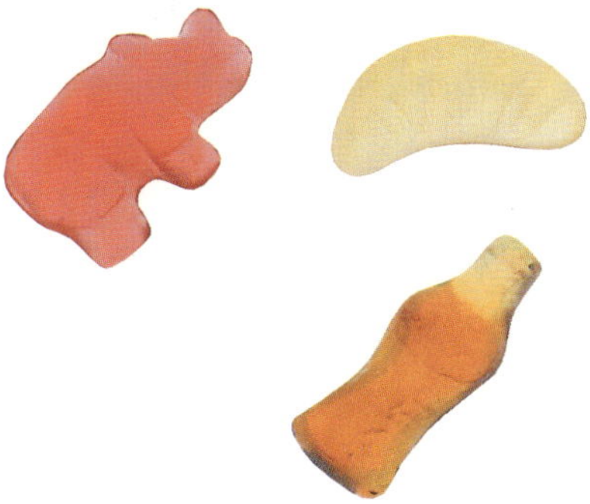

## Ergänzung: need

Du kannst need als modales Hilfsverb und als Vollverb verwenden.

**Need** kann die Form eines modalen Hilfsverbs und eines Vollverbs annehmen. Die Bedeutung bleibt gleich: Du drückst eine Notwendigkeit aus.

Das Vollverb **need:**

- bildet alle Zeitformen (z. B.: **needed, have/has needed, had needed, will/shall need**),
- hat in der 3. Person Einzahl ein **s** angehängt (he/she/it need**s**),
- hat als nachfolgendes Verb einen Infinitiv mit **to** (*unten:* to relax),
- kann auch ein nachfolgendes Objekt (*unten:* a new string) haben,
- bildet Fragen und Verneinungen mit **do.**

I **need to relax** sometimes.
*(Ich muß manchmal ausspannen.)*
**Do** you **need to relax** sometimes?
I **don't need to relax** sometimes.
John **needs a new string** for his guitar.
*(John braucht eine neue Saite für seine Gitarre.)*
**Does** John **need a new string** for his guitar?
John **doesn't need a new string** for his guitar.

Das modale Hilfsverb **need:**

- kann keine anderen Zeiten als die Gegenwart bilden,
- hat in der 3. Person Einzahl kein **s** angehängt,
- hat als nachfolgendes Verb einen Infinitiv ohne **to,**
- bildet Fragen und Verneinungen ohne **do,**
- wird gewöhnlich in verneinten Sätzen als **need not (needn't)** gebraucht.

You **needn't shout** at me. I quite understand.
*(Du brauchst/mußt mich nicht anschreien.)*
We **needn't hurry.** We have plenty of time.
*(Wir brauchen/müssen uns nicht beeilen.)*

## Übung 10 – Excursion to the Lake District (2)

Angie, David und Tim sind alleine losgezogen. Sie möchten den *dangerous rock* erklimmen. Setze **must, have to, mustn't, needn't, need** (Vollverb!) in die Lücken, und schreibe die Lösungssätze in dein Heft.

**Angie:** We **(1)** (...) be back in one hour, at 2 pm. Which way shall we go? There are two routes.
**Tim:** Look, there are two girls climbing the rock over there. Can't we climb there? We **(2)** (...) tell Miss Parker where we are going.
**Angie:** You **(3)** (...) a rope to climb up there. We **(4)** (...) do that. It's too dangerous. Remember the first golden rule of mountaineering: You **(5)** (...) always tell someone where you are going and when you think you will be back home.
**David:** Angie is right. There is even a sign which says that you **(6)** (...) keep to the path and that you **(7)** (...) leave the main route.

**Tim:** You two are *cowards**. *(*Feiglinge)* You **(8)** (...) do this, you **(9)** (...) do that. You sound like old Miss Parker. I'm going to climp up there to the top. You **(10)** (...) come with me. I don't **(11)** (...) any help.
**Angie:** Calm down, Timmy. We will come with you half way to the top and wait there. We won't let you go there alone. Remember another golden rule of mountaineering: You **(12)** (...) go ahead alone. You **(13)** (...) stay with your group.
**Tim:** And another golden rule says: You **(14)** (...) make noise. You might cause an *avalanche**. Come on, let's climb up there. We have only got one hour. *(*Lawine)*

*(To be continued.)*

***Der „Stone Circle" bei Castlerigg***

***In der Grafschaft Cumbria (Lake District)***

# ▪ Test 3: Appendicitis ▪

Setze Formen von **must, have to** und **need** ein, und schreibe die Lösungssätze in dein Heft.

**Mother:** I'm really worried. Michael **(1)** (...) stay in bed all day because he was suffering from a terrible pain in his stomach. **Doctor:** You **(2)** (...) worry. We **(3)** (...) check up thoroughly to see what he might have.

*An hour later:* **Doctor:** Exactly what I thought. Your son *has appendicitis**. He **(4)** (...) have his apendix removed immediately. Otherwise he is in perfect health. *(*Blinddarmentzündung haben)*
**Mother:** Oh dear, **(5)** (...) he stay in hospital for a long time? **Doctor:** No, in three or four days he will be better. **Mother: (6)** (...) he *be fully anaesthetized*?* I heard that some people suffer from brain damage after such an operation. *(*narkotisiert werden)* **Doctor:** You shouldn't believe such scary stories. It isn't true. But everyone **(7)** (...) have a *general anaesthetic**. Nobody could possibly stand the pain without that. *(*Vollnarkose)*
*After the operation:* **Doctor:** All right, young man? The worst is over. How do you feel now? **Michael:** I'm fine, thanks, and I still don't **(8)** (...) go to school yet. Great. **Doctor:** That's right. You **(9)** (...) stay in bed for another three days, and you **(10)** (...) go to school yet. Enjoy your time at the hospital then. Not all of my patients are happy as you.

**Deine Punktzahl:**
(1) __
(2) __
(3) __
(4) __
(5) __
(6) __
(7) __
(8) __
(9) __
(10) __
Summe: __

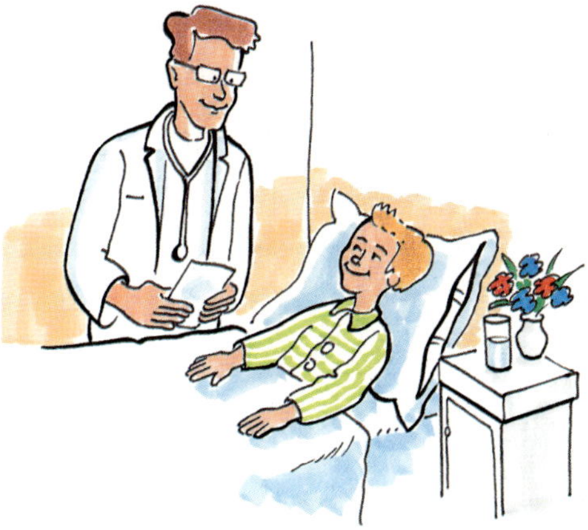

Pro richtige Antwort erhältst du einen Punkt. Bei weniger als 6 Punkten solltest du dieses Kapitel noch einmal durcharbeiten.

# PFLICHT ODER RAT?

## shall, should, will, would, ought to

### shall, should (have)

shall I? shall we?:

(1) Vorschlag machen

(2) um Ratschlag bitten

**Shall** verwendest du nur in der 1. Person Einzahl und Mehrzahl in Fragen (**shall I? shall we?**), um einen (1) **Vorschlag** zu machen oder um einen (2) **Ratschlag** zu erbitten.

**(1) Shall we** pick you up at the station?
*(Sollen wir dich vom Bahnhof abholen?)*
***(2)*** *Where* ***shall I*** *put my coat?*
(Wo soll ich meinen Mantel hinlegen?)

shall/will ('ll): future

**Shall** verwendest du außerdem für das Futur der 1. Person Einzahl und Mehrzahl anstelle des **will** *(„shall/will" – future)*. Heutzutage ist dort allerdings auch **will** üblich.

I **shall/will** come tomorrow.
You **will** come tomorrow.
He / She / It **will** come tomorrow.
We **shall/will** come tomorrow.
You **will** come tomorrow.
They **will** come tomorrow.

In den Kurzformen gibt es keinen Unterschied; beide erscheinen gleich nach dem Pronomen als **'ll**.

I **shall** have finished this chapter by Friday.
→ I**'ll** have finished …
She **will** come to the party.
→ She**'ll** come to the party.

**Should** wird für alle Personen, sowohl in Fragen als auch in Aussagesätzen, verwendet. Mit **should** drückst du eine (1) **Verpflichtung** aus, erteilst und erbittest einen (2) **Ratschlag** oder äußerst eine (3) **Annahme.**

**should:**

**(1) Verpflichtung**

**(2) Ratschlag**

**(3) Annahme**

**(1)** He **should** help Hassan, who came over to Germany last year and finds German hard to learn.
*(Er sollte Hassan helfen, ...)*

**(2)** "My wisdom tooth is aching." – "You **should** see the dentist."
*(Du solltest zum Zahnarzt gehen.)*

**(3)** This morning she flew to Turkey. She **should** be lying in the sun by now.
*(Sie sollte inzwischen in der Sonne liegen.)*

**Should have** bezieht sich auf die Vergangenheit. Du benutzt es für eine (1) **nicht erfüllte Verpflichtung,** einen (2) **zu späten Ratschlag** oder eine (3) **Annahme** über ein vermutlich eingetretenes Ereignis.

**should have:**

**(1) nicht erfüllte Verpflichtung**

**(2) zu später Ratschlag**

**(3) Annahme (past)**

**(1)** You **should have** helped the old lady to cross the street. Now she has been hit by a car.
*(Du hättest der alten Dame über die Straße helfen sollen.)*

**(2)** We **should have** taken a taxi. Now we missed the plane.
*(Wir hätten ein Taxi nehmen sollen.)*

**(3)** Four o'clock – he **should have** finished school by now.
*(... – er sollte mittlerweile Schulschluß haben.)*

## Übung 1 – shall, should (have)

Formuliere jeweils 3 Sätze mit den vorgegebenen Satzbausteinen, und schreibe sie in dein Heft.

**1.** Roger hat viele Verpflichtungen. Was sollte er alles tun?

**help his grandmother** | **make breakfast** | **be on time** | **phone up his girlfriend**

**Beispiel:**
He should help his grandmother.

**2.** Sally hat einen Sonnenbrand. Welche – leider zu spät kommenden – Ratschläge kannst du ihr geben?

**avoid the sun** | **take more care of herself** | **use cream with UV filter**

**3.** Was schlägst du deinen Freunden für heute abend vor? Formuliere entsprechende Fragen.

**have a snack at the new French Bistro** | **go to the open-air concert** | **have a barbecue**

**4.** Douglas ist an die Küste gefahren. Was hat er wohl schon alles gemacht?

**get a nice sun-tan** | **hire a sailing boat** | **play beach-ball**

**5.** Helens Mutter erzählt Helen, was sie mittlerweile alles hätte tun sollen.

**walk the dog** | **do her homework** | **make her bed**

## had better, be supposed to, be to

Für einen **warnenden Ratschlag** kannst du auch statt des **should** die Redewendung **had better** (Kurzform: **'d better**) verwenden. Benutze immer die Form **had** – nie **have,** denn „**had better**" ist eine Redewendung, die sich nicht auf die Vergangenheit, sondern auf gegenwärtige und zukünftige Handlungen bezieht. Auf **had better** folgt der Infinitiv ohne **to.**

warnender Ratschlag:

had better ('d better) + Infinitiv ohne to

You **had better** take a taxi. It's too dangerous to go by underground at night.
*(Du solltest besser/lieber ein Taxi nehmen.)*
It is raining, we **had better** go inside.
*(... wir sollten besser / lieber reingehen.)*

Anstelle des **should** kannst du für eine Verpflichtung, die durch eine Regel oder Vereinbarung festgelegt ist, **be supposed to** verwenden.

Verpflichtung (Regel, Vereinbarung):

be supposed to

Rebecca **is supposed to** return the car to the garage at 6 pm.
*(Rebecca soll das Auto um 18 Uhr zur Werkstatt zurückbringen.)*

Für Anweisungen von Vorgesetzten, Institutionen und Behörden benutzt du **be to.**

Verpflichtung (Anweisung von Vorgesetzten, Behörden usw.):

be to

Nigel **is to** report to the headteacher immediately.
*(Nigel soll sofort dem Direktor Bericht erstatten.)*

## ▪ Übung 2 – had better, should, be supposed to, be to ▪

Erkennst du die Unterschiede? Setze in **I. had better** oder **should**, in **II. be supposed to** oder **be to** ein, und schreibe die Lösungssätze in dein Heft.

**Tip: Manchmal sind beide Formen möglich.**

**I.** **1.** The school bell has already rung. You (...) hurry up. **2.** She said we (...) take the train at 8.40 am. **3.** You (...) be aware of clever lies he's telling to impress you. **4.** You (...) keep your mouth shut about this.

**II.** **1.** Jim (...) pick me up at the station at 3.15 pm. **2.** Mr. Bean (...) bring his driving licence to the police station immediately. **3.** The audience (...) be quiet during the concert. **4.** There is a rule that in a youth hostel children (...) back at 10 pm at the latest.

### ought

Anstelle des **should** kannst du genausogut auch **ought** verwenden, um eine (1) **Verpflichtung,** einen (2) **Ratschlag** oder eine (3) **Annahme** auszudrücken. Beachte, daß **ought** im Gegensatz zu anderen modalen Hilfsverben immer mit einem Infinitiv mit **to** steht.

**ought + Infinitive mit to:**

**(1) Verpflichtung**

**(1)** You **ought to/should** go and see Uncle Joe. He is very ill.
*(Du solltest Onkel Joe besuchen gehen.)*

**(2) Ratschlag**

**(2)** "How much lemonade do we need?" –
"Ten crates **ought to/should** be enough for the party."
*(Zehn Kisten sollten für die Party genügen.)*

**(3) Annahme**

**(3)** Versace jeans are very expensive, but they **ought to/should** be good value for money.
*(... sie sollten für den Preis von guter Qualität sein.)*

## ought to have

Während du dich mit **ought to** auf die Gegenwart oder Zukunft beziehst, redest du mit **ought to have** über die Vergangenheit. Du drückst damit die gleichen Sprechabsichten aus wie mit **should have:** (1) nicht erfüllte Verpflichtungen, (2) zu späte Ratschläge und (3) Annahmen über ein vermutlich eingetretenes Ereignis.

**(1)** We had a real *row**, and I still think he **ought to have/ should have** apologised for what he said to me. *(*Streit)*
*(... er hätte sich entschuldigen sollen ...)*

**(2)** You **ought to have/should have** gone swimming in order to relax before the exam.
*(Du hättest schwimmen gehen sollen ...)*

**(3)** The students **ought to have/should have** passed the exam. They have studied hard enough.
*(Die Schüler sollten das Examen bestanden haben.)*

ought to have:

(1) nicht erfüllte Verpflichtung

(2) zu später Ratschlag

(3) Annahme (past)

## Fragen mit ought (to)

In Fragen mit **ought to** tauschen nur **ought** und das jeweilige Subjekt die Plätze *(inversion)*, denn **to** gehört zum Infinitiv des nachfolgenden Verbes.
Fragen werden ohne **do** gebildet, häufig jedoch mit **Do you think (that)** umschrieben.

**Ought** we **to** dress up for the *leaving party**, or are casual clothes allowed? *(*Schulabschlußfeier)*
→ **Do you think (that)** we **ought to** dress up for the leaving party?

## Übung 3 – ought to (have)

Setze **ought to** oder **ought to have** ein, und schreibe die Lösungssätze in dein Heft. Achte auf die Umstellung in den Fragen!

**1.** We (...) be more careful with our environment. **2.** What you (...) done is calling the ambulance. **3.** Pupils (...) do their homework. **4.** Peter left the party 2 hours ago, so he (...) be home by now. **5.** (we) (...) queue at the main entrance? **6.** All visitors (...) queue for tickets at the main entrance. **7.** Do you think we (...) tell the police? **8.** I'm sorry that I didn't tell you. I (...) told you.

## will und would

Mit **will** kannst du nicht nur das *„shall/will"-future* bilden (siehe Seite 50), sondern auch in Aussagesätzen eine (1) **Bereitschaft** oder **Absicht**, eine (2) **Annahme** und eine (3) **typische Gewohnheit** ausdrücken. In Fragen formulierst du mit **will** eine (4) **Bitte** oder einen (5) **Vorschlag.**

**will:**

**(1) Bereitschaft/ Absicht**

**(2) Annahme**

**(3) typische Gewohnheit**

**will ...?:**

**(4) Bitte**
**(5) Vorschlag**

**(1)** I **will** help you clean the room.
*(Ich werde/will dir helfen, das Zimmer sauberzumachen.)*
**(2)** That **will** be John coming home now.
*(Das wird John sein, der gerade nach Hause kommt.)*
**(3)** Every time I meet Joan she **will** talk about her boyfriend.
*(Jedesmal wenn ich Joan treffe, wird sie über ihren Freund reden.)*
**(4) Will** you shut the door, please?
*(Könntest du bitte die Tür zumachen?)*
**(5) Will** you have another pint of beer?
*(Möchtest du noch ein Glas Bier?)*

**Would** (Kurzform: **'d**) übernimmt nur einige Sprechabsichten von **will.** In Fragen äußerst du eine (1) **höfliche Bitte** und einen (2) **höflichen Vorschlag** mit **would.**

**would ('d) macht es höflicher:**

**(1) Would** you shut the door behind you, please?
*(Würdest/Könntest du bitte die Tür schließen?)*
**(2) Would** you have lunch with us?
*(Würdest/Möchtest du mit uns essen?)*

**(1) höfliche Bitte**

**(2) höflicher Vorschlag**

In Aussagesätzen benutzt du **would** als Vergangenheitsform von **will** für eine (3) **vergangene typische Gewohnheit.**

**(3)** When he was my boyfriend, he **would** phone me every day.
*(… rief er mich jeden Tag an.)*

**(3) typische Gewohnheit (past)**

Außerdem wird in *reported/indirect speech* nach einem *reporting verb* im *simple past* (said, told usw.) aus dem **will** ein **would:**

Sally: "I **will** meet him at 9 pm."
→ Sally said that she **would** meet him at 9 pm.

## ▪ Übung 4 – Will oder would? ▪

Setze **will** oder **would** ein, und nenne die jeweilige Sprechabsicht. Schreibe die Lösung in dein Heft.

**1.** (…) you mind stepping aside please? **2.** At what time (…) Julia arrive? **3.** Whenever the sun shone, Phil (…) go swimming. **4.** (…) you like an orange juice? **5.** I (…) like a coke and a Cheeseburger. **6.** Listen to that noise. That (…) be Gerry playing the drums. **7.** They (…) go on a cycling tour next week. **8.** They said that they (…) go on a cycling tour the following week.

## ■ Übung 5 – Another chance ■

Setze **shall, will, would** oder **should (have)/ought to (have)** ein, und schreibe die Lösungssätze in dein Heft.

**Sue:** I **(1)** (...) never go dancing with Pete any more. He always behaves very rudely when he is drunk.

**Helen:** Maybe he didn't like the party. You **(2)** (...) ask him why he behaved in such a *nasty** way. *(*gemein, häßlich)*

**Sue:** Yes, I know, you're right, I **(3)** (...) do it.

**Peter:** Hello Helen. Hello Sue. How are you today?

**Sue and Helen:** Fine, thanks, and you?

**Peter:** All right, but I'm a bit tired from yesterday. I think I was pretty drunk. Sorry Sue. I **(4)** (...) behaved better.

**Sue:** You can say that again.

**Peter:** Can you give me another chance, Sue? **(5)** (...) you go to the concert with me next weekend?

**Sue:** All right, Pete. **(6)** (...) we meet at the main entrance?

**Peter:** Yes, that's a good idea, because we **(7)** (...) have to queue for tickets, and who comes earlier joins the queue first.

**Sue:** All right. See you at the entrance.

**Helen:** So, you needn't ask him. He just came up and apologized.

**Sue:** Yes, that's why I gave him another chance. Thanks for your advice. Can I buy you a drink, or **(8)** (...) you like to have a snack?

## Verneinung: shall not, should not (have) / ought not to (have), will not, would not

Mit **will not** (Kurzform: **won't**) drückst du eine **Ablehnung** oder **Weigerung** aus:

**will not (won't): Ablehnung**

She **won't** go to the club with us.

**Shall not** (Kurzform **shan't**) wird dagegen kaum verwendet. Mit **should not** (Kurzform: **shouldn't**) bzw. **ought not to** (Kurzform **oughtn't to**) drückst du eine **(1) Verpflichtung** oder einen **(2) Ratschlag**, etwas nicht zu tun, aus.

**should not (shouldn't):**

**(1) Verpflichtung**

**(2) Ratschlag**

**(1)** I **shouldn't** leave him (**oughn't to** leave him) alone.
*(Ich sollte ihn nicht alleine lassen.)*
**(2)** You **shouldn't** peep (**oughn't** to peep) through other people's windows.
*(Du solltest nicht in die Fenster anderer Leute schauen.)*

**Should not have** bzw. **ought not to have** wird für eine (1) **unerfüllte Verpflichtung** und einen (2) **zu späten Ratschlag** gebraucht. Sie beziehen sich also auf die Vergangenheit.

**Should not have:**

**(1) unerfüllte Verpflichtung**

**(2) zu später Ratschlag**

**(1)** You **shouldn't have** left (**oughn't to have** left) the dog alone. He was barking all evening.
*(Du hättest den Hund nicht allein lassen sollen.)*
**(2)** We have missed the train. We **shouldn't have** gone (**oughn't to have** gone) to eat that pizza.
*(Wir hätten die Pizza nicht essen sollen.)*

**Would not** (Kurzform: **wouldn't**) verwendest du für eine **vergangene typische Gewohnheit.**

**would not (wouldn't):**

**vergangene typische Gewohnheit**

She **wouldn't** kiss me in public when she was my girlfriend.
*(Sie hat mich nie in der Öffentlichkeit geküßt ...)*

## Übung 6 – Verneinungen

Setze verneinende Formen von **will, should/ought, should have/ ought to have** und **would** ein, und schreibe die Lösungssätze in dein Heft.

**1.** She (...) be the star pupil this year because she spends half the night in the disco. **2.** MacCool (...) lie in the sun too long. The UV rays are very dangerous. **3.** I don't understand why I failed in the test. – You (...) gone to the party the night before. **4.** Samanta (...) flirt with other boys when she was with Billy. **5.** We knew that we (...) kiss but we couldn't stop ourselves. **6.** The child wanted a coke and was screaming continuously, but his father (...) buy him a coke. **7.** You (...) smoke so much. I can hardly breathe. **8.** Tom (...) crossed the road when the lights were red. He nearly caused an accident.

## ▪ Übung 7 – Planet ZERO / ALPHA ▪

Hier erfährst du etwas über die Lebewesen des Planeten ZERO / ALPHA. Setze **be supposed to** (3x), **should** (1x), **shouldn't** (1x), **should have** (1x) ein.

On our planet we **(1)** ______________ join one of the HOUSES at the age of 300 alpha years, that is 16 years in your time. At that time PIP III, who is my genetic father, ordered me to become a member of the HOUSE OF DIGITAL MEMORY. There I **(2)** ______________ study all about computers and how to store information on CD-ROMs, similar to the information you have got in your libraries. I was, what you call in your world, *a librarian**. The training was very hard. My teachers ordered me around a lot and said that I **(3)** ______________ study every day for at least 12 hours, and that I **(4)** ______________ hang around and *be after girls***.

Quite often I thought that I **(5)** ______________ joined another HOUSE, but unfortunately in our world we have got strict rules: You **(6)** ______________ do what your genetic father says. No way out. Unless you want to terminate your life. We haven't got the freedom of choice that you have got on earth.

*(*Bibliothekar, **hinter Mädchen her sein)*

## Übung 8 – Excursion to the Lake District (3)

**Fülle die Lücken mit shall, should/ought to, should have/ought to have oder would.**

**Achtung: Ein Satz ist verneint!**

David, Tim und Angie sind auf dem Weg zum Felsen.

**David: (1)** (…) we go straight to the rocks and watch the girls climbing up?
**Tim:** All right, but we **(2)** (…) stay too long. I **(3)** (…) like to go further up to see the view.
**David: (4)** (…) we stay here just for a moment? Look at those two girls. I would really like to learn to climb like that. It is certainly a more exciting sport than *rambling**. I **(5)** (…) ask my parents to buy me some special climbing *gear***. *(* wandern, umherstreifen, **Ausrüstung)*
**Angie:** But it's a dangerous sport as well. I really admire those two girls. I **(6)** (…) never do such a sport.
**Tim:** Come on you two. Let's take the short cut. We **(7)** (…) be able to reach the top very quickly.

Sie nehmen die Abkürzung und erreichen die Bergkuppe.

**Tim:** Here we are. Look at that! What a fabulous view. I **(8)** (…) brought my camera with me, but I forgot.
**Angie:** Do you know what that stones over there are?
**Tim:** I think they are one of those stone circles from the Stone Age. I read about it but I **(9)** (…) read more carefully because I cannot remember what they were built for.
**Angie:** Never mind. We can easily find out. Mrs. Parker's encyclopedia **(10)** (…) tell us something about the stones.

*(To be continued.)*

## ▪ Test 4: Small Talk ▪

Setze **will, won't, shall, should/ought to, shouldn't have/oughn't to have, should have/ought to have** und eine Form von **be to** ein. Für jedes richtige Lösungswort erhältst du einen Punkt.

**I.** Every time I see Pete he is listening to music on his walkman. When I say hello, he **(1)** (...) hear me. – You **(2)** (...) tell him how dangerous that is. One day he **(3)** (...) be run over by a car because he **(4)** (...) hear the horn hooting.

**II.** Kevin, can't you come on time? You **(5)** (...) keep us waiting in the rain. – I am sorry. I know that I **(6)** (...) be on time, but my bus was delayed. – You **(7)** (...) taken a bus earlier.

**III.** You **(8)** (...) see the headteacher. What have you done? – He thinks that I smoked in the toilet. – Well, did you? – No, I only opened the window because someone else was smoking in there, but I **(9)** (...) left it as it was.

**IV.** Yesterday I had a row with my boyfriend about nothing. I **(10)** (...) behaved so nastily but I don't know how to tell him. What **(11)** (...) I do? – You **(12)** (...) simply say that you are sorry, that you still love him, and that you **(13)** (...) do it again.

**Deine Punktzahl:**
(1) ___
(2) ___
(3) ___
(4) ___
(5) ___
(6) ___
(7) ___
(8) ___
(9) ___
(10) ___
(11) ___
(12) ___
(13) ___
Summe: ___

Bitte wiederhole das Kapitel, wenn du weniger als 13 Punkte hast.

# ALLES GEWÖHNUNG

## dare (to), used to

### dare

**Dare ist modales Hilfsverb und Vollverb!**

**dare (to): Wagnis**

**Dare** kann, wie schon **need** (siehe Seite 46), die Form eines modalen Hilfsverbs und eines Vollverbs annehmen.
Mit **dare** als Vollverb wie Hilfsverb drückst du ein (riskantes, ungehöriges, unerlaubtes usw.) **Wagnis** aus.

Das **Vollverb dare (to):**
- bildet alle Zeitformen **(dared, have/has dared, had dared, will/shall dare),**
- hat in der 3. Person Einzahl ein **s** angehängt (he/she/it dare**s**),
- hat als nachfolgendes Verb einen Infinitiv mit **to** (dare to jump),
- bildet Fragen und Verneinungen mit **do.**

He **dared to jump** off the cliff.
*(Er wagte/traute sich, von der Klippe zu springen.)*
He **dares to jump** off the cliff.
**Does** he **dare to jump** off the cliff?
He **doesn't dare to jump** off the cliff.

*Sie trauen sich: die Felsen-springer von Acapulco*

Das **modale Hilfsverb dare:**

- bildet die Vergangenheitsform **dared** *(simple past)*,
- hat in der 3. Person Einzahl **kein s** angehängt,
- wird **nicht** mit **do** benutzt,
- hat als nachfolgendes Verb einen Infinitiv ohne **to,**
- bildet Fragen durch Inversion,
- bildet Verneinungen mit **dare not** (Kurzform: **daren't**).

He **dared jump** off the cliff.
*(Er wagte/traute sich, von der Klippe zu springen.)*
He **dare jump** off the cliff.
**Dare** he **jump** off the cliff?
He **daren't jump** off the cliff.

Die folgende Übersicht zeigt dir noch einmal die Unterschiede von **dare** als Vollverb und als modales Hilfsverb.

| | **dare als Vollverb** | **dare als modales Hilfsverb** |
|---|---|---|
| **folgendes Verb** | **to** + *infinitive* | *infinitive* (ohne **to**) |
| **simple past** | dared to | dared |
| **Aussagesatz (3. Person!)** | mit **s** (dares) | ohne **s** (dare) |
| **Verneinung** | mit **do** | ohne **do** |
| **Fragen** | mit **do** | ohne **do** |

## Einige Redewendungen

Herausforderung:

dare + Objekt + Infinitiv mit to

Außerdem benutzt du die Form **dare + Objekt + Infinitiv mit to** für eine **Herausforderung** zu einer Handlung.

Go on. I **dare** you **to ask** Peter for a dance.
*(Los. Trau dich, Peter zum Tanzen aufzufordern.)*

Das modale Hilfsverb **dare** (**+ Infinitiv ohne to**) kommt oft in umgangssprachlichen Redewendungen vor.
Mit (1) **You dare!** (oder: **Don't you dare!**) und (2) **How dare(d) you? unterbindest** du **Handlungen,** die dir mißfallen.
Mit (3) **I dare say** (oder zusammengeschrieben: **I daresay**) formulierst du eine **Annahme** (aber nur in der 1. Person Einzahl!).

Unterbindung einer Handlung:

You dare!
Don't you dare!
How dare(d) you?

**(1)** Can I eat my sandwich in the lesson?
**You dare!** (oder: **Don't you dare!**)
*(Untersteh dich!)*
**(2) How dare you?** Stop talking to me in that way.
*(Wie kannst du es wagen, so mit mir zu reden?)*
**How dared he** talk to me in that way?
*(Wie konnte er es wagen, so mit mir zu reden?*
**(3) I dare say/daresay** your English will improve.
*(Ich nehme an, dein Englisch wird sich verbessern.)*

Annahme:

I dare say/daresay

## ▪ Übung 1 – dare (to) ▪

Setze, wenn möglich, beide Formen – Vollverb und modales Hilfsverb – von **dare (to)** ein, und schreibe beide Lösungssätze in dein Heft. Aber paß auf: Manchmal passen auch nur die Redewendungen, die du eben gelernt hast!

**I. (1)** (...) (you) travel around Australia on your own? – No, I **(2)** (...) travel around Australia on my own.

***Unterwegs in Zentral-Australien***

**II.** Do you think that Ben **(3)** (...) annoy the teacher any more? – No, Ben **(4)** (...) annoy the teacher any more. He fears that he might throw him out.

**III.** My *mates** **(5)** (me) (...) spend a night in the *graveyard***. – I would never **(6)** (...) do that. *(*Freunde, Freundinnen, Kumpels; **Friedhof).*

**IV.** Go on. I **(7)** (you) (...) ask her for her telephone number. I *bet** you **(8)** (...). – I bet I do. *(*wetten)*

**V.** What the hell have you done, you stupid idiot. – **(9)** (you) (...) *swear at** me. *(*beschimpfen)*

**VI.** I **(10)** (...) tell you any more about my secrets because you always tell other people. – No, that isn't true. I wouldn't **(11)** (...) tell anyone.

## used to

used + Infinitiv mit to

Mit **used to** drückst du eine (1) **Gewohnheit** einer Person oder einen (2) **Zustand** eines Gegenstandes in der weit zurückliegenden **Vergangenheit** aus – häufig im Kontrast zur Gegenwart.

(1) Gewohnheit (Person) (past)

(2) Zustand (Ding) (past)

**(1)** David **used to** smoke 80 cigarettes a day until he gave up smoking.
*(David rauchte 80 Zigaretten am Tag /...pflegte zu rauchen ...)*
**(2)** Brighton **used to** be a quiet sea resort but now it is full of tourists.
*(Brighton war ein ruhiger Badeort /...pflegte zu sein ...)*

Du benutzt also **used to** nur für die Vergangenheit. Mit **used to** kannst du niemals eine Gewohnheit in der Gegenwart ausdrücken. Hierzu kannst du das *simple present* benutzen.

I smoke. (nicht: ~~I use to smoke~~.)

did + use to?/oder: Used to?

Fragen werden meistens mit **did + use to,** Verneinungen mit **did not + use to** (Kurzform: didn't use to), umschrieben. Im britischen Englisch kannst du auch mit **used to** Fragen, mit **used not to** (Kurzform: **usedn't to**) Verneinungen bilden.

did not + use to (didn't use to)/ oder: used not to (usedn't to)

**Did** he **use to** play squash quite often?
oder: **Used** he **to** play squash quite often?
She **didn't use to** watch scary horror films.
oder: She **used not to** watch scary horror films.

be used to:

Verwechsle **used to** nicht mit dem Ausdruck **be used to!** Mit **be used to** drückst du eine **unabänderliche Gewohnheit** aus, die sich nicht oder nur sehr langsam ändert.

unabänderliche Gewohnheit

We **are used to** getting up early, but it was really hard at the beginning.
*(Wir sind gewöhnt, früh aufzustehen, ...)*
I **was used to** London traffic jams because I had lived there for twelve years.
*(Ich war an die Londoner Verkehrsstaus gewöhnt, ...)*

## Übung 2 – Who & what used to be?

Setze **used to** ein. Achtung! In einigen Sätzen mußt du diese Form verneinen.

**1.** Jim _______________ study hard – almost day and night, but he has become very lazy now.

**2.** Ann _______________ watch her figure, but now she does because she has put on weight.

**3.** Laura's cafe _______________ be a very trendy place, but now all the *posh** people meet here. *(*schick, schickimicki)*

**4.** _______________ (you) play cricket at school?

**5.** Before I startet taking these vitamin pills, I _______________ be tired all the time.

**6.** Things aren't what they _______________ be.

**7.** _______________ (Laura) like techno music?

**8.** Tom _______________ play the drums, but since his new neighbours have complained about the noise he hasn't been allowed to practise any more.

## ▪ Übung 3 – When Mr. Morris was young … ▪

In Mr. Morris Leben hat sich seit seiner wilden Jugendzeit einiges geändert. Formuliere Fragen dazu. Bilde die Formen mit und ohne **do.**

**Beispiel:**
I know that Mr. Morris doesn't smoke now – but did he use to smoke? oder: … used he to smoke?

1. Mr. Morris hasn't got many girlfriends now – but ______________________________ ______________________?

2. Mr. Morris doesn't eat a lot of sweets nowadays – but ______________________________ ______________________?

3. Mr. Morris doesn't kiss his girlfriends in the back row of the cinema any more – but ______________________________ ______________________?

4. Mr. Morris doesn't go to techno discos these days – but ____________ ______________________________?

5. Mr. Morris reads the Tarot cards – but ______________________________ ______________________________ when he was young?

6. Nowadays Mr. Morris likes to talk about deep, emotional things – but ____________________ ______________________________ ____________________ when he was a boy?

## Übung 4 – Excursion to the Lake District (4)

Angie, Tim und David sind von ihrem Ausflug zurückgekehrt und wollen nun mehr über die *stone circles* herausfinden. Setze Formen von **used to, dare** (**to**) und die Redewendung **don't you dare** (1x) ein. Benutze **dare** als Vollverb und als modales Hilfsverb, wenn **beides** möglich ist.

**Angie:** Mrs. Parker isn't in her room. **(1)** (we) (...) go in?
**Tim:** Don't be a coward Angie. Of course, we **(2)** (...) go in her room. You **(3)** (...) have much more courage when you were younger.
**Angie: (4)** (...) call me a coward again. I just thought Mrs. Parker wouldn't like it. That's the reason I **(5)** (...) go in.
**Tim:** I have found the book. Let's go up to the *attic**, so that nobody will disturb us. *(*Dachboden)*
**Tim:** Ah, here it is: *stone circles.* It says that these are remains from the Stone Age. They are about 3,500 years old.
**Angie:** Why did they built these, and what **(6)** (...) (the people from the Stone Age) (...) do with them?

**Tim:** At that time the tribes **(7)** (...) make ritual *sacrifices** – people and animals – for their gods, and brave men **(8)** (...) face death for the sake of the gods. At other times the stone circles **(9)** (...) be places for trading, like market places. *(*Opferungen)*
**David:** Do you think we might see ghosts of the people who died all those years ago?
**Angie:** Who knows? Why don't you go and find out. I **(10)** (...) you to hunt the ghosts tonight.
**David:** What – tonight? Humph – can we do it tomorrow?
**Angie & Tim:** We? What a coward! We thought you were the *daredevil**, Dave! *(*Draufgänger)*

## ▪ Test 5: Relationships ▪

Setze Formen von **dare (to)** oder **used to** in die folgenden Sätze ein, und schreibe sie in dein Heft. Achtung! Manchmal kannst du **dare (to)** als Vollverb oder als modales Hilfsverb einsetzen, und **used to** wird mit und ohne **do** gebraucht. Für jedes richtige Lösungverb erhältst du einen Punkt.

1. I saw your girlfriend kissing another boy. – How (...) she! I will never talk to her again.
2. When he was young, Mike (...) have three girlfriends at the same time.
3. I have to tell you the truth about your boyfriend. No one else (...) tell you.
4. Brian moved to a very nice area, but it (... not) be so nice. They renovated all the buildings two years ago.
5. I bet Sue (... not) ask Michael for a dance.
6. Brian *shows off** whenever he sees a girl; but (...) show off when he was little? *(*angeben)*
7. She burst into tears because he (...) shout at her.
8. My mates had a nasty habit. They (...) call me *pumpkin**. They thought it was hilarious, but I found it really embarrassing. *(*Kürbis)*
9. Joe, (... you) ask Sally out?
10. Andrew (... not) listen when I wanted to tell him about my problems. So I stopped going out with him.

**Deine Punktzahl:**
**(1)** ___
**(2)** ___
**(3)** ___
**(4)** ___
**(5)** ___
**(6)** ___
**(7)** ___
**(8)** ___
**(9)** ___
**(10)** ___
**Summe:** ___

Wiederhole bitte dieses Kapitel, wenn du weniger als 13 Punkte hast!

***Ein schickes Wohnviertel in London***

# DIE STUNDE DER WAHRHEIT

## Abschlußtests

### Test I: Welches modale Hilfsverb paßt?

**1.** My brother always snores. I (…) get any sleep.
**a.** can't **b.** must **c.** shouldn't

**2.** I really fancy Patrick but I (…) to speak to him.
**a.** have to **b.** dare **c.** don't dare

**3.** You (…) secretly date your friend's girlfriend. You'll get into trouble.
**a.** shouldn't **b.** daren't **c.** can

**4.** Mike thought the teachers *picked on** him. That's why he (…) sit in the back row in class. *(*pick on = es abgesehen haben auf)*
**a.** wouldn't **b.** used to **c.** could

**5.** Can you believe it! On Friday night I (…) stay out as long as I wanted. This was really nice of my Mum.
**a.** couldn't **b.** could **c.** would

**6.** (…) I drive you home?
**a.** Shall **b.** Will **c.** Would

**7.** You (…) wait for me. I'll take the next train.
**a.** used to **b.** won't **c.** needn't

**8.** Bill (…) not come to the cinema. He has to finish his homework first.
**a.** wouldn't **b.** may not **c.** dare

**9.** Sam and Cathy went shopping all day. They (…) spent a lot of money.
**a.** must **b.** needn't **c.** must have

**10.** You made a mistake? You (…) look on the bright side – you learn from mistakes.
**a.** have to **b.** won't **c.** daren't

# Test II: Brian & Gianna

Welche modalen Hilfsverben/Ersatzverben entsprechen den Sprechabsichten (in Klammern angegeben!)? Pro Satz kriegst du einen Punkt, wenn deine Vorschläge richtig sind. Achtung: Oft sind mehrere Antworten möglich.

**I. Brian:** Gianna, **(1)** *(Bitte: ...)* I give you a lift to the concert hall? **Gianna:** Yes, you **(2)** *(Antwort auf Bitte: ...)*. It's very nice of you. How do you know that I **(3)** *(Erlaubnis: ...)* go? My Mum **(4)** *(Gewohnheit/Verbot: ...)* let me go to concerts in the past.

**II. Brian:** I met your brother at school, and he told me that your Mum let you go tonight. **Gianna:** Yes, but I **(5)** *(Notwendigkeit: ...)* wash up all the dishes first and to do my homework.

**III. Brian: (6)** *(Fähigkeit: ...)* do the English summary as well? **Gianna:** Of course, it was easy. **Brian:** It was too difficult for me. **(7)** *(Erlaubnis: ...)* I have a look at your summary after the concert? **Gianna:** I'm sorry. It's too late now. Fabian borrowed it from me. You **(8)** *(verpaßte Möglichkeit: ...)* come earlier, so we **(9)** *(verpaßte Möglichkeit: ...)* done it together.

**IV. Brian:** Next time I **(10)** *(future: ...)* come to your place to do the homework. Let's enjoy the concert now, and forget about homework and school.

## ▪ Test III: Your Stars ▪

**Manchmal passen auch mehrere der Verben, die zur Auswahl stehen – aber eine richtige Antwort genügt.**

Ordne die passenden modalen Hilfsverben den Horoskopen zu. Mit jeder richtigen Antwort hast du dir einen Punkt verdient.
had better – have to – needn't – shouldn't – could – may – could – will *(simple future)* – have to – Don't dare to – shouldn't – can

**aquarius**
*January 20th – February 18th*
Why worry? You **(1)** ______________ pass your next exam easily.

**pisces**
*February 19th – March 20th*
You will have a row with your best friend. Let her/him moan in the afternoon and she/he **(2)** ______________ be back to normal in the evening.

**aries**
*March 21st – April 20th*
Someone lets you down, but you **(3)** ______________ get cross or disappointed.

**taurus**
*April 21st – May 20th*
Something you lost ages ago **(4)** ______________ turn up unexpectedly.

**gemini**
*May 21st – June 20th*
**(5)** ______________ go out with your best friend's girl/boyfriend. It's not fair.

**cancer**

*June 21st – July 20th*

You **(6)** ______________ study until midnight but please take school a bit more seriously.

**leo**

*July 21st – August 21nd*

Watch out! You **(7)** ______________ meet the love of your life this weekend.

**scorpio**

*October 23rd – November 22nd*

If there is no special boy/girlfriend in your life at the moment, there **(10)** ______________ be one before Christmas

**capricorn**

*December 22nd – January 19th*

A certain relationship is a bit one-sided. You **(12)** ______________ end it.

**virgo**

*August 22nd – September 21st*

Some things go wrong this fortnight, but you **(8)** ______________ let it upset you too much.

**libra**

*September 22nd – October 22nd*

Be careful! You will **(9)** ______________ sort out a money problem.

**sagittarius**

*November 23rd – December 21st*

You **(11)** ______________ realize that the only way to deal with your problem is to face up to it and tackle it. Be brave!

# EIN BLICK ZURÜCK

## Die Sprechabsichten im Überblick

Nach so vielen *modal auxiliary verbs* schwirrt dir sicherlich der Kopf. Das Ganze deshalb auf einen Blick. Hinter den Beispielsätzen findest du jeweils die Seite, auf der du noch einmal nachschlagen kannst.

**Ablehnung**

She **won't** go to the club with us. (S. 59)

**Anweisung**

The pupils **must** pay attention. (S. 36)
I **have to** listen to the teacher. (S. 37)
Kim's mother: You **must** go to bed early. (S. 39)

**Annahme/ Vermutung**

Take a sweater. It **could** turn cold later. (S. 10)
Sabrina is very late. She **may have** missed the bus. (S. 26)
Where is my purse? – You **might have** left it in the pub. (S. 26)
The teacher **may/might not** ask you difficult questions in the examination. (S. 32)
This morning she flew to Turkey. She **should** be lying in the sun by now. (S. 53)
Four o'clock – he **should have** finished school by now. (S. 51)
Versace jeans are very expensive, but they **ought to/should** be good value for money. (S. 54)
The students **ought to have/should have** passed the exam. They have studied hard enough. (S. 55)
That **will** be John coming home now. (S. 56)

**Bereitschaft (Absicht)**

I **will** help you clean the room. (S. 56)

**Bitte**

**Can** I buy you a drink? (S. 19)
**Could** I have another cup of coffee, please? (S. 19)
**May** see your driving licence, please? (S. 30)
**Might** I ask you for advice? (S. 30)
Where **shall** I put my coat? *(Bitte um Ratschlag)* (S. 50)
**Will** you shut the door, please? (S. 58)
**Would** you shut the door behind you, please? (S. 57)

**Erlaubnis/Verbot**

You **can** go out tonight. (S. 10)
Kim **is allowed to** stay up all night. (S. 16)
You **can't** have my new BMX bike. (S. 21)
You **may** go. (S. 27)
We **may not** play football in the backyard. (S. 32)
You **mustn't** smoke in the classroom. (S. 42)

**Fähigkeit/ Unfähigkeit**

Helen **can** play the drums. (S. 12)
Tom **is able to** pass the exam. (S. 14)
He **can't** speak French. (S. 23)
My grandmother **could** speak six languages. (S. 10)
My father **couldn't** even repair a bike when he was a boy. (S. 22)

**Gewohnheit**

Every time I meet Joan she **will** talk about her boyfriend. (S. 56)
When he was my boyfriend, he **would** phone me every day. (S. 57)
She **wouldn't** kiss me in public when she was my girlfriend. (S. 60)
David **used to** smoke 80 cigarettes a day until he gave up smoking. (S. 68)
Rachel **didn't use to/used not to** watch scary horror films. (S. 68)
Brighton **used to** be a quiet sea resort but now it is full of tourists. (S. 68)

***West Pier in Brighton***

**Möglichkeit/ Unmöglichkeit**

School **can** be very boring. (S. 10)
Take a sweater. It **could** turn cold later. (S. 10)
Why didn't you ask me? I **could have** given you a lift. (S. 11)
The man **couldn't** find water in the desert because it had not rained for years. (S. 22)
Mike **may** come to the party. Peter **might** come as well, but he doesn't like parties. (S. 26)
Sabrina is very late. She **may have** missed the bus. (S. 26)
Where is my purse? – You **might have** left it in the pub. (S. 26)
The teacher **may/might not** ask you difficult questions in the examination. (S. 32)

**Notwendigkeit/ Fehlen einer Notwendigkeit**

You **must** phone the hospital at once. It's urgent. (S. 36)
I **have to** stop smoking. It's really bad for my health. (S. 37)
You **needn't** collect me from the station. I take a taxi. (S. 42)
David **doesn't have to** ask for the way. He knows Dublin very well. (S. 42)

**Ratschlag**

Where **shall I** put my coat? (Bitte um Ratschlag) (S. 50)
My wisdom tooth is aching. – You **should** see the dentist. (S. 51)
We **should have** taken a taxi. Now we missed the plane. (S. 51)
You **had better** take a taxi. It's too dangerous to go by underground at night. (S. 53)
Ten crates of lemonade **ought to/should** be enough for the party. (S. 54)
You **ought to have/should have** gone swimming in order to relax before the exam. (S. 55)
You **shouldn't/oughtn't to** peep through other people's windows. (S. 59)
We have missed the train. We **shouldn't have/oughn't to have** gone to eat that pizza. (S. 59)

**Schlußfolgerung**

She **can't** be in Joe's cafe. I saw her in the Cuban club. (S. 21)
Bill **cannot have** stolen the money. He was in France when it disappeared. (S. 21)
Kevin's light is on. He **must** be at home. (S. 36)
James and Angie stayed out all night, and came home very exhausted. – They **must have** gone to a wild party. (S. 36)

**Verpflichtung**

He **should** help Hassan, who came over to Germany last year and finds German hard to learn. (S. 51)
You **should have** helped the old lady to cross the street. Now she has been hit by a car. (S. 51)
Rebecca **was supposed to** return the car to the garage at 6 pm. *(Regel, Vereinbarung)* (S. 53)
Nigel **is to** report to the headteacher immediately. *(Anweisung von Vorgesetzten, Institution, Behörde)* (S. 53)
You **ought to/should** go and see Uncle Joe. He is very ill. (S. 54)
We had a real row, and, I still think, he **ought to have/should have** apologised for what he said to me. (S. 55)
I **shouldn't/oughtn't to** leave him alone. (S. 59)
You **shouldn't have/oughtn't to have** left the dog alone. He was barking all evening. (S. 59)

**Vorschlag**

I **can** repair the bike for you. (S. 10)
We **could** go to the cinema. (S. 10)
**Can't** we sit down? (S. 21)
**Shall we** pick you up at the station? (S. 50)
**Will** you have another pint of beer? (S. 56)
**Would** you have lunch with us? (S. 57)

**Wagnis/ Herausforderung**

She **dares to/dare** jump off the cliff. (S. 64/65)
She **doesn't dare to/daren't** jump off the cliff. (S. 64/65)
Go on. I **dare** you **to** ask Peter for a dance. (S. 66)

# VERBTABELLEN

Hier kannst du nachschlagen, wie die verschiedenen Formen der Vollverben, modalen Hilfsverben und Ersatzverben in den wichtigsten Zeiten aussehen.

## Tabelle 1: Vollverb *play*

| simple present | | |
|---|---|---|
| **Aussagesatz** | **Frage** | **Verneinung** |
| I play the guitar. | Do I play the guitar? | I don't play the guitar. |
| You play the guitar. | Do you play the guitar? | You don't play the guitar. |
| He/She/It plays the guitar. | Does he/she/it play the guitar? | He/She/It doesn't play the guitar. |
| We play the guitar. | Do we play the guitar? | We don't play the guitar. |
| You play the guitar. | Do you play the guitar? | You don't play the guitar. |
| They play the guitar. | Do they play the guitar? | They don't play the guitar. |

| simple past | | |
|---|---|---|
| **Aussagesatz** | **Frage** | **Verneinung** |
| I played the guitar. | Did I play the guitar? | I didn't play the guitar. |
| You played the guitar. | Did you play the guitar? | You didn't play the guitar. |
| He/She/It played the guitar. | Did he/she/it play the guitar? | He/She/It didn't play the guitar. |
| We played the guitar. | Did we play the guitar? | We didn't play the guitar. |
| You played the guitar. | Did you play the guitar? | You didn't play the guitar. |
| They played the guitar. | Did they play the guitar? | They didn't play the guitar. |

| present perfect | | |
|---|---|---|
| **Aussagesatz** | **Frage** | **Verneinung** |
| I have played the guitar. | Have I played the guitar? | I haven't played the guitar. |
| You have played the guitar. | Have you played the guitar? | You haven't played the guitar. |
| He/She/It has played the guitar. | Has he/she/it played the guitar? | He/She/It hasn't played the guitar. |
| We have played the guitar. | Have we played the guitar? | We haven't played the guitar. |
| You have played the guitar. | Have you played the guitar? | You haven't played the guitar. |
| They have played the guitar. | Have they played the guitar? | They haven't played the guitar. |

| future simple („shall / will“-future) | | |
|---|---|---|
| **Aussagesatz** | **Frage** | **Verneinung** |
| I shall / will play the guitar. | Shall / Will I play the guitar? | I shan't / won't play the guitar. |
| You will play the guitar. | Will you play the guitar? | You won't play the guitar. |
| He / She / It will play the guitar. | Will he / she / it play the guitar? | He / She / It won't play the guitar. |
| We shall / will play the guitar. | Shall / Will we play the guitar? | We shan't / won't play the guitar. |
| You will play the guitar. | Will you play the guitar? | You won't play the guitar. |
| They will play the guitar. | Will they play the guitar? | They won't play the guitar. |

## Tabelle 2: Modales Hilfsverb *can*

Wie **can** werden auch die anderen modalen Hilfsverben **could, may, might, must, shall, should, will, would, dare** und **need** behandelt.

| Aussagesatz | Frage | Verneinung |
|---|---|---|
| I can play the guitar. | Can I play the guitar? | I can't play the guitar. |
| You can play the guitar. | Can you play the guitar? | You can't play the guitar. |
| He / She / it can play the guitar. | Can he / she / it play the guitar? | He / She / It can't play the guitar. |
| We can play the guitar. | Can we play the guitar? | We can't play the guitar. |
| You can play the guitar. | Can you play the guitar? | You can't play the guitar. |
| They can play the guitar. | Can they play the guitar? | They can't play the guitar. |

## Tabelle 3: Modales Hilfsverb *could have*

Wie **could have** werden auch die anderen modalen Hilfsverben **may have, might have, must have, should have** und **would have** behandelt.

| Aussagesatz | Frage | Verneinung |
|---|---|---|
| I could have played the guitar. | Could I have played the guitar? | I couldn't have played the guitar. |
| You could have played the guitar. | Could you have played the guitar? | You couldn't have played the guitar. |
| He/She/It could have played the guitar. | Could he/she/it have played the guitar? | He/She/It couldn't have played the guitar. |
| We could have played the guitar. | Could we have played the guitar? | We couldn't have played the guitar. |
| You could have played the guitar. | Could you have played the guitar? | You couldn't have played the guitar. |
| They could have played the guitar. | Could they have played the guitar? | They couldn't have played the guitar. |

## Tabelle 4: Ersatzverb *have to*

| simple present | | |
|---|---|---|
| **Aussagesatz** | **Frage** | **Verneinung** |
| I have to play the guitar. | Do I have to play the guitar? | I don't have to play the guitar. |
| You have to play the guitar. | Do you have to play the guitar? | You don't have to play the guitar. |
| He / She / It has to play the guitar. | Does he / she / it have to play the guitar? | He / She / It doesn't have to play the guitar. |
| We have to play the guitar. | Do we have to play the guitar? | We don't have to play the guitar. |
| You have to play the guitar. | Do you have to play the guitar? | You don't have to play the guitar. |
| They have to play the guitar. | Do they have to play the guitar? | They don't have to play the guitar. |

| simple past | | |
|---|---|---|
| **Aussagesatz** | **Frage** | **Verneinung** |
| I had to play the guitar. | Did I have to play the guitar? | I didn't have to play the guitar. |
| You had to play the guitar. | Did you have to play the guitar? | You didn't have to play the guitar. |
| He / She / It had to play the guitar. | Did he / she / it have to play the guitar? | He / She / It didn't have to play the guitar. |
| We had to play the guitar. | Did we have to play the guitar? | We didn't have to play the guitar. |
| You had to play the guitar. | Did you have to play the guitar? | You didn't have to play the guitar. |
| They had to play the guitar. | Did they have to play the guitar? | They didn't have to play the guitar. |

| present perfect | | |
|---|---|---|
| **Aussagesatz** | **Frage** | **Verneinung** |
| I have had to play the guitar. | Have I had to play the guitar? | I haven't had to play the guitar. |
| You have had to play the guitar. | Have you had to play the guitar? | You haven't had to play the guitar. |
| He / She / It has had to play the guitar. | Has he / she / it had to play the guitar? | He / She / It hasn't had to play the guitar. |
| We have had to play the guitar. | Have we had to play the guitar? | We haven't had to play the guitar. |
| You have had to play the guitar. | Have you had to play the guitar? | You haven't had to play the guitar. |
| They have had to play the guitar. | Have they had to play the guitar? | They haven't had to play the guitar. |

| future simple („shall / will"-future) | | |
|---|---|---|
| **Aussagesatz** | **Frage** | **Verneinung** |
| I shall / will have to play the guitar. | Shall / Will I have to play the guitar? | I shan't / won't have to play the guitar. |
| You will have to play the guitar. | Will you have to play the guitar? | You won't have to play the guitar. |
| He / She / It will have to play the guitar. | Will he / she / it have to play the guitar? | He / She / It won't have to play the guitar. |
| We shall / will have to play the guitar. | Shall / Will we have to play the guitar? | We shan't / won't have to play the guitar. |
| You will have to play the guitar. | Will you have to play the guitar? | You won't have to play the guitar. |
| They will have to play the guitar. | Will they have to play the guitar? | They won't have to play the guitar. |

## Tabelle 5: Ersatzverb *be able to*

Wie **be able to** wird auch das Ersatzverb **be allowed to** behandelt.

| simple present | | |
|---|---|---|
| **Aussagesatz** | **Frage** | **Verneinung** |
| I am able to play the guitar. | Am I able to play the guitar? | I'm not able to play the guitar. |
| You are able to play the guitar. | Are you able to play the guitar? | You're not able to play the guitar. |
| He/She/It is able to play the guitar. | Is he/she/it able to play the guitar? | He/She/It's not able to play the guitar. |
| We are able to play the guitar. | Are we able to play the guitar? | We're not able to play the guitar. |
| You are able to play the guitar. | Are you able to play the guitar? | You're not able to play the guitar. |
| They are able to play the guitar. | Are they able to play the guitar? | They're not able to play the guitar. |

In der Verneinung kannst du die Hilfsverben als Kurzform auch noch anders schreiben (nur **I'm not** … bleibt wie es ist!):
You **aren't** …, He / She / It **isn't** …, You **aren't** …, We **aren't** …, They **aren't** …

| simple past | | |
|---|---|---|
| **Aussagesatz** | **Frage** | **Verneinung** |
| I was able to play the guitar. | Was I able to play the guitar? | I wasn't able to play the guitar. |
| You were able to play the guitar. | Were you able to play the guitar? | You weren't able to play the guitar. |
| He/She/It was able to play the guitar. | Was he/she/it able to play the guitar? | He/She/It wasn't able to play the guitar. |
| We were able to play the guitar. | Were we able to play the guitar? | We weren't able to play the guitar. |
| You were able to play the guitar. | Were you able to play the guitar? | You weren't able to play the guitar. |
| They were able to play the guitar. | Were they able to play the guitar? | They weren't able to play the guitar. |

| present perfect | | |
|---|---|---|
| **Aussagesatz** | **Frage** | **Verneinung** |
| I have been able to play the guitar. | Have I been able to play the guitar? | I haven't been able to play the guitar. |
| You have been able to play the guitar. | Have you been able to play the guitar? | You haven't been able to play the guitar. |
| He / She / It has been able to play the guitar. | Has he / she / it been able to play the guitar? | He / She / It hasn't been able to play the guitar. |
| We have been able to play the guitar. | Have we been able to play the guitar? | We haven't been able to play the guitar. |
| You have been able to play the guitar. | Have you been able to play the guitar? | You haven't been able to play the guitar. |
| They have been able to play the guitar. | Have they been able to play the guitar? | They haven't been able to play the guitar. |

In der Verneinung kannst du die Hilfsverben als Kurzform auch noch anders schreiben:
**I've** not …, **You've** not …, **He/She/It's** not …, **We've** not …, **You've** not …, **They've** not …

| future simple („shall / will"-future) | | |
|---|---|---|
| **Aussagesatz** | **Frage** | **Verneinung** |
| I shall / will be able to play the guitar. | Shall / Will I be able to play the guitar? | I shan't / won't be able to play the guitar. |
| You will be able to play the guitar. | Will you be able to play the guitar? | You won't be able to play the guitar. |
| He / She / It will be able to play the guitar. | Will he / she / it be able to play the guitar? | He / She / It won't be able to play the guitar. |
| We shall / will be able to play the guitar. | Shall / Will we be able to play the guitar? | We shan't / won't be able to play the guitar. |
| You will be able to play the guitar. | Will you be able to play the guitar? | You won't be able to play the guitar. |
| They will be able to play the guitar. | Will they be able to play the guitar? | They won't be able to play the guitar. |

# LÖSUNGEN

## can, could (have)

**Seite 11**

Übung 1:

1. Vollverb, 2. Infinitiv eines Vollverbs ohne *to,* 3. gleich (ohne *s*)

**Seite 12**

Übung 2:

1. can (Fähigkeit), 2. can (Erlaubnis), 3. can (Fähigkeit), 4. could have (verpaßte Möglichkeit), 5. could (Möglichkeit, Vorschlag), 6. can, could (Fähigkeit), 7. could have (verpaßte Möglichkeit), 8. can (Erlaubnis), 9. could have (verpaßte Möglichkeit), 10. can (Möglichkeit), 11. can (Vorschlag, Erlaubnis), 12. can (Erlaubnis)

**Seite 13**

Übung 3:

I. Grandfather Arthur could read hieroglyphes. / … could play the piano. / … could teach physics. II. Helen could have lent me money. / … could have waited for me. / … could have introduced me to Jack. III. I can/could go to the disco. / I can/could watch TV. / I can/could study for my exam. IV. I can invite my friends. / I can meet Janet. / I can go dancing.

**Seite 15**

Übung 4:

2. They are able to use their computers …, 3. Joe is able to speak English …, 6. Brian was able to play the didgeridoo …

Übung 5:

1. *can* statt cans, 2. *will be able* statt will able, 4. *was* statt were, 5. *is able to* statt is able, 6. *has been able to* statt have been able to.

**Seite 17**

Übung 6:

1. Vollverb, 2. to, 3. be.

Übung 7:

I. 1. he is allowed to do …, 2. he is allowed to go …, 3. he is allowed to stay …, 4. he is allowed to go …, 5. they are allowed to travel …, II. 6. I was allowed to do a lot of things. 7. I was allowed to go to pop concerts. 8. I was allowed to stay out late. 9. I was allowed to go to techno parties. 10. We were allowed to travel to the North Sea for a few days.

**Seite 20**

Übung 8:

I. Could my grandfather play the piano? 2. Is his younger sister able to juggle with little balls? 3. Has Bruce been able to programm his computer? 4. Could Linda become an excellent tennis player? 5. Can he remember all the streets in York? 6. Can Tim stand on his head on the table? 7. Have the pupils been able to pass the exam? 8. Will Sarah be able to ride a surfboard?

Übung 9:

1. Could I have more salad dressing, please? – Yes, you can. 2. Could I have more chips, please? – Yes, you can. 3. Could I have more ice-cream, please? – Yes, you can. 4. Could I have more salt, please? – Yes, you can.
5. Could I have some more wine, please? – Yes, you can. 6. Could I have more peas, please? – Yes, you can.

## Seite 22

Übung 10:

1. No, my parrot can't whistle. 2. No, Rob wasn't allowed to wear bright yellow trousers for the funeral. 3. No, I can't stay out all night. 4. No, Andrew hasn't been able to fax me a message. 5. No, Tim and his crew will not (won't) be able to win the next boat race. 6. No, Peter couldn't have taken my magazine. 7. No, I can't stand on my head on a table. 8. No, mice aren't really able to frighten elephants.

## Seite 23

Übung 11:

1. Mike can ski, can ride a motorbike and he can dance to rap music. He is a very sporty boy but he has no idea about computers; he can't program in BASIC and can't understand maths. He is very bad at languages; he can't speak German. 2. Angie can program in BASIC and she can understand maths. She is very good at languages, too; she can speak German. Unfortunately she has got no interest in sport; she can't ski, can't ride a motorbike, and she can't dance to rap music.

## Seite 24

Übung 12:

1. We could go on a sailing trip on the Baltic Sea. 2. Can't we go hiking in the Lake District? 3. Can't we hire a boat from the boathouse? 4. We could go shopping in town. 5. Can't we go dancing in the hip-hop club?

## Seite 25

Test 1:

1. can/could, 2. can't, 3. can/could, 4. can't, 5. can't, 6. can/am able to, 7. can/am able to/could, 8. can, 9. can, 10. could, 11. wasn't able to, 12. could have

# may (have), might (have)

## Seite 27

Übung 1:

1. Das modale Hilfsverb *may* steht vor dem Vollverb *watch.* 2. Bei *climb* handelt es sich um den Infinitiv ohne *to.* 3. Wie alle modalen Hilfsverben bleiben *may* und *might* in allen Personen gleich. 4. Die Vorteile des Ersatzverbes sind zum einen die Betonung der ausdrücklichen Sprechabsicht Erlaubnis und andererseits die Möglichkeit, sich in allen Zeiten ausdrücken zu können.

## Seite 28

Übung 2:

I. might (oder: could – klingt weniger formell), 2. may/might, 3. may/might, 4. may have/might have, 5. may have/might have, 6. may (weniger formell: can), 7. might (weniger formell: could)
II. 1. Our teacher said that we were allowed to use a calculator …, 6. … are (will be) allowed to go to the cinema, 7. My mother said that I was allowed to go …

## Seite 29

Übung 3:

1. may/might, 2. might (indirekte Rede!), 3. may/might, 4. may/might, 5. may/might, 6. may/might, 7. may/might.

## Seite 31

Übung 4:

1. May I watch …? 2. Might Dave go …?
3. Is Kim allowed to wear …?

Übung 5:

1. May I visit my friends? 2. Might we go to the techno party? 3. Were you allowed to stay out when you were a child? 4. May we have another ice-cream? 5. Am I allowed to cut slits and holes in my jeans? 6. May they skip English lessons? 7. May Eve and I share the bubble gum?

## Seite 33

Übung 6:

| | | | | | | |
|---|---|---|---|---|---|---|
| | | | | | | **7** |
| | | | **4** | | | I |
| | | | M | | | S |
| | | | I | **5** | | A |
| | | | G | V | | L |
| **1** | **2** | **3** | H | E | **6** | L |
| E | M | M | T | R | C | O |
| R | A | I | N | B | O | W |
| L | Y | G | O | O | U | E |
| A | | H | T | T | L | D |
| U | | T | | | D | T |
| B | | | | | | O |
| N | | | | | | |
| I | | | | | | |
| S | | | | | | |

## Seite 34

Übung 7:

1. may, 2. may/might, 3. were allowed to, 4. may, 5. may, 6. may not

## Seite 35

Test 2:

1. may/might, 2. may have/might have, may/might, 3. may have/might have, 4. may/might, may not/isn't allowed to, 5. may have/might have, 6. may/might, 7. might/was allowed to, might/was allowed to (indirekte Rede!)

# must, need

## Seite 38

Übung 1:

1. *Must* ändert sich wie alle modalen Hilfsverben nicht. Jedoch ändert sich *have to* in der 3. Person Einzahl zu has to. (siehe Tabelle 2, Seite 83 und Tabelle 4, Seite 84 f.)
2. *to* gehört zum Ersatzverb *has to*.

Übung 2:

1. had to, 2. have (got) to, 3. have had to, 4. had to, 5. had to

## Seite 39

Übung 3:

1. Fabian: I have to be at home at 11.00 pm. 2. Anna: I have to practice the violin for three hours every day. 3. Policeman: You must drive on the left-hand side in Britain. 4. Simon: I must forget my troubles. 5. Rachel: I must (have to) stop to spend so much money on clothes. 6. Teacher: You must listen carefully.

## Seite 40

Übung 4:

1. must have, 2. must, 3. must have, 4. must, 5. must have

## Seite 41

Übung 5:

I. 1. Must I study for my exam? 2. Must you drive on the left-hand side in Britain? 3. Does Peter have to learn the computer language FORTRAN? *(mit do gebildet!)* 4. Does Ann have to walk his dog four times a day? *(mit do gebildet!)* 5. Must I tell my mum where I'm going?

II. Richtig ist: 1. Why must I do it? 2. What must I do? 3. When did you have to get up? 3. How many vitamin pills do you have to take a day? 5. It must be love!

**Seite 43**

Übung 6:

1. Janet *doesn't have to* practise dancing. Janet *didn't have to* practise dancing. Janet *will not/won't have to* practise dancing. 2. Johnny *isn't allowed to* ride his skateboard in the pedestrian precinct. Johnny *wasn't allowed to* ride his skateboard in the pedestrian precinct. Johnny *will not/won't be allowed to* ride his skateboard in the pedestrian precinct. 3. You *don't have to* think that you are a movie star. You *didn't have to* think that you *were* a movie star. You *won't have to* think that you *will be* a movie star. 4. Children *are not allowed to* buy alcoholic drinks. Children *were not allowed to* buy alcoholic drinks. Children *will not/won't be allowed to* buy alcoholic drinks.

**Seite 44**

Übung 7:

1. are not allowed to/mustn't, 2. are not allowed to/mustn't, 3. must/have to, 4. are not allowed to/mustn't, 5. are not allowed to/mustn't, 6. are not allowed to/mustn't

**Seite 45**

Übung 8:

I. a. *You mustn't go to school.* Du darfst nicht in die Schule gehen, weil du z. B. eine ansteckende Krankheit hast. *(You have got an infectious disease.)* b. *You needn't go to school.* Du must/brauchst nicht in die Schule gehen, weil du hitzefrei hast/die Schule brennt etc. *(We have got time off from school because of hot weather/the school is on fire, etc.)*
II. a. *Eve mustn't leave James.* Eve darf James nicht verlassen, weil er ohne sie nicht leben kann *(because he isn't able to live without her).* b. *Eve needn't leave James.* Eve muß/braucht James nicht verlassen, weil er ein netter Junge ist – trotz seiner Fehler *(because he is a nice boy – despite his faults).*

Übung 9:

1. mustn't, 2. needn't, 3. needn't, 4. mustn't, 5. needn't/mustn't (Hier ist beides denkbar: Du mußt es nicht erzählen/Du darfst es nicht erzählen ...), 6. needn't, 7. mustn't

**Seite 47/48**

Übung 10:

1. must/have to, 2. needn't, 3. need *(Vollverb!)*, 4. mustn't, 5. must always/always have to, 6. must, 7. mustn't, 8. must/mustn't, 9. must/mustn't, 10. needn't, 11. need *(Vollverb!)*, 12. mustn't, 13. must, 14. mustn't

**Seite 49**

Test 3:

1. had to, 2. needn't, 3. (will) have to, 4. must, 5. must, 6. Must, 7. must, 8. have to, 9. must, 10. mustn't

## shall, should, will, would, ought to

**Seite 52**

Übung 1:

1. Roger should make breakfast. He should be on time. He should phone up his girlfriend. 2. Sally should have avoided the sun. She should have taken more care of herself. She should have used cream with UV filter. 3. Shall we have a snack at the new French Bistro? Shall we go to the open-air concert? Shall we have a barbecue? 4. Douglas should have got a nice sun-tan. He should have hired a sailing boat. He should have played beach-ball. 5. You should have walked the dog. You should have done your homework. You should have made your bed.

**Seite 54**

Übung 2:

I. 1. should/had better, 2. should, 3. should/had better, 4. had better, II. 1. is supposed to, 2. is to, 3. is to/is supposed to, 4. are to be

**Seite 56**

Übung 3:

1. ought to, 2. ought to have, 3. ought to, 4. ought to, 5. Ought we to, 6. ought to, 7. ought to, 8. ought to have

**Seite 57**

Übung 4:

1. would *(höfliche Bitte),* 2. will *(future),* 3. would *(typische Gewohnheit),* 4. will *(Vorschlag)*/would *(höflicher Vorschlag),* 5. would *(Antwort auf einen höflichen Vorschlag),* 6. will *(Annahme),* 7. will *(future),* 8. would *(reported/indirect speech)*

**Seite 58**

Übung 5:

1. shall/will, 2. should/ought to, 3. should/ought to, 4. ought to have/should have, 5. will/would, 6. shall, 7. shall/will, 8. would

**Seite 60**

Übung 6:

1. will not/won't, 2. should not/shouldn't, ought not to/oughn't to, 3. should not have/shouldn't have, ought not to have/oughtn't to have, 4. would not/wouldn't, 5. should not/shouldn't, ought not to/oughtn't to, 6. would not/wouldn't, 7. should not/shouldn't, ought not to/oughtn't to, 8. should not have/shouldn't have, ought not to have/oughtn't to have

**Seite 61**

Übung 7:

1. are supposed to, 2. was supposed to, 3. should, 4. should not/shouldn't, 5. should have, 6. are supposed to

**Seite 62**

Übung 8:

1. shall, 2. should not/shouldn't, ought not to/oughn't to, 3. would, 4. shall, 5. shall/should/ought to, 6. would, 7. should/ought to, 8. should have, ought to have, 9. should have, ought to have, 10. should/ought to

**Seite 63**

Test 4:

I. 1. won't, 2. should/ought to, 3. will, 4. won't, II. 5. shouldn't/oughn't to, 6. ought to/should, 7. should have/ought to have, III. 8. are to, 9. should have/ought to have, IV. 10. shouldn't have/oughn't to have, 11. shall, 12. should (ought to), 13. won't

## dare (to), used to

**Seite 67**

Übung 1:

I. 1. Do you dare to travel/Dare you travel, 2. don't dare to travel/daren't travel, II. 3. dares to annoy/dare annoy, 4. doesn't dare to annoy/daren't annoy, III. 5. dare me to spend *(dare + Objektiv + Infinitiv mit to),* dare to do/dare do, IV. 7. dare you to ask *(dare + Objektiv + Infinitiv mit to),* 8. don't dare/daren't, V. 9. You dare swear/How dare you swear/Don't you dare swear *(Unterbindung einer Handlung),* VI. 9. don't dare to tell/daren't tell, 10. dare to tell/dare tell.

**Seite 69**

Übung 2:

1. used to, 2. didn't use to/usedn't to, 3. didn't use to/usedn't to, 4. Did you use to/Used you to, 5. used to, 6. used to, 7. Did Laura used to/Used Laura to, 8. used to

**Seite 70**

Übung 3:

1. did he use to have them/used he to have them? 2. did he use to eat them/used he to eat them? 3. did he used to kiss them/used he to kiss them? 4. did he use to go there/used he to go there? 5. did he use to read them/used he to read them? 6. did he like to talk about these/used he to like to talk about these?

**Seite 71/72**

Übung 4:

1. Do we dare to go/dare we go, 2. dare to go/dare go, 3. used to, 4. Don't you dare, 5. didn't dare to go/don't dare to go/daren't go, 6. did the people from the Stone Age use to/used the people from the Stone Age to, 7. used to, 8. dared to, 9. used to, 10. dare

**Seite 73**

Test 5:

1. dare, 2. used to, 3. dares to/dare, 4. didn't use to/usedn't, 5. doesn't dare to/daren't, 6. did he use to/used he to, 7. dared to/dared, 8. used to, 9. dare you/do you dare to, 10. didn't use to/usedn't to

## Abschlußtests

**Seite 74**

Test 1:

1. a, 2. c, 3. a, 4. b, 5. b, 6. a, 7. c, 8. b, 9. c, 10. a

Punkte Test 1 ________

**Seite 77**

Test 2:

I. 1. *(Bitte)* can/could/may, 2. *(Antwort auf Bitte)* can, 3. *(Erlaubnis)* can/am allowed to, 4. *(Gewohnheit/Verbot)* didn't use to, II. 5. *(Notwendigkeit)* had to, III. 6. *(Fähigkeit)* Were you able to/could you, 7. *(Erlaubnis)* Can/Could/May/Might, 8. *(verpaßte Möglichkeit)* should have, 9. *(verpaßte Möglichkeit)* could/might have, IV. 10. *(future)* shall/will

Punkte Test 2 ________

**Seite 78/79**

Test 3:

1. can/will, 2. will, 3. shouldn't/needn't, 4. could/will/may, 5. Don't dare to, 6. needn't, shouldn't, 7. may, will, could, 8. shouldn't, needn't, 9. have to, 10. may, will, could, 11. have to, will, had better, 12. had better

Punkte Test 3 ________

Gesamtpunktzahl Test 1–3 ________

**Testauswertung:**

**32–30 Punkte?** – Du bist top!

**29–23 Punkte?** – Okay! (Tip: Vergleiche deine Fehler mit den im Buch gegebenen Erklärungen.)

**22–16 Punkte?** – Mittelmäßig (Tip: Wiederhole die modalen Hilfsverben, die dir Schwierigkeiten machen, noch einmal gründlich.)

**unter 16 Punkten?** – Kritisch! Laß ein wenig Zeit verstreichen und arbeite das Buch noch einmal durch.

In der Reihe FALKEN Schülerhilfe sind bereits erschienen:
„Geometrie“ (1569)
„Gleichungen und Ungleichungen“ (1570)
„Bruchrechnen“ (1623)
„Prozent- und Zinsrechnung“ (1709)
„English Tenses“ (1574)
„English Pronouns“ (1624)
„Diktate und Ergänzungsübungen“ (1571)
„Groß- und Kleinschreibung“ (1572)
„Dehnung und Schärfung“ (1573)
„Deutsche Grammatik I: Wortarten“ (1625)
„Deutsche Grammatik II: Satzglieder und Satzarten“ (1710)
„Aufsatz“ (1626)

Dieses Buch wurde auf chlorfrei gebleichtem und säurefreiem Papier gedruckt.

Die Deutsche Bibliothek – CIP-Einheitsaufnahme

**Plass, Doris C.:**
Modal auxiliary verbs : die Hilfsverben ; 7. – 10. Klasse / Doris C. Plass. –
Niedernhausen/Ts. : FALKEN, 1996
(Falken-Schülerhilfe : Englisch)
ISBN 3-8068-1711-1

ISBN 3 8068 1711 1



**Umschlaggestaltung:** Peter Udo Pinzer
**Gestaltung:** Horst Bachmann
**Redaktion:** Dr. Petra Begemann
**Herstellung:** Harald Kraft
**Titelgrafiken:** Jovica Savin, Frankfurt am Main
**Fotos: Bongarts,** Hamburg: 4 rechts, 12 (A. Hassenstein), 16, 25, 43; **Britische Zentrale für Fremdenverkehr,** Frankfurt am Main: 5 oben, 28 unten, 53, 79, 89; **dpa,** Frankfurt am Main: 15 (Wärner); **Bildarchiv Huber,** Garmisch-Partenkirchen: 4 rechts (T. Makie), 5 unten, 7 (R. Schmid), 17, 18 (R. Schmid), 40 (Radelt), 48 (klein: Giovanni, groß: T. Makie), 64 (Kölbl), 73 (R. Schmid); **IFA-Bilderteam,** München/Düsseldorf: 42 (Welsh); **KEYSTONE Pressedienst GmbH,** Hamburg: 55, 67, 69; **Ulrich Niehoff,** Bienenbüttel: 86; **Doris C. Plass:** 44; **Silvestris Fotoservice,** Kastl/Obb.: 22 (Sohns), 27, 35 (Scholz), 51 (S. Kerscher), 85 (S. Kerscher); **FALKEN Archiv:** 28 oben (S. Layla), 41 (Chr. Steimer), 45 (Kienitz & Grabis)
**Zeichnungen:** Jovica Savin, Frankfurt am Main



**Satz:** Raasch & Partner GmbH, Neu-Isenburg
**Druck:** Ludwig Auer GmbH, Donauwörth

817 2635 4453 6271

# Gleich kapiert!

**English Tenses**
von H. Schomeakers, A. Groß,
136 S., 44 Farbfotos, 105 mehrfarbige Zeichnungen, kartoniert
**ISBN:** 3-8068-**1574**-7
**DM 24,90,** öS 185,–

**Gleichungen und Ungleichungen**
von A. Egert, 64 S., 11 Farbfotos, 27 mehrfarbige Zeichnungen, kartoniert
**ISBN:** 3-8068-**1570**-4
**DM 14,90,** öS 110,–

**Groß- und Kleinschreibung**
von H. Mehlhoff, 64 S., 16 Farbfotos, 103 mehrfarbige Zeichnungen, kartoniert
**ISBN:** 3-8068-**1572**-0
**DM 14,90,** öS 110,–

**English Pronouns**
von U. Popko, 80 S., 38 Farbfotos, 50 mehrfarbige Zeichnungen, kartoniert
**ISBN:** 3-8068-**1624**-7
**DM 14,90,** öS 110,–

**Geometrie**
von A. Breiter, 172 S., 25 Farbfotos, 827 mehrfarbige Zeichnungen, kartoniert
**ISBN:** 3-8068-**1569**-0
**DM 24,90,** öS 185,–

**Diktate und Ergänzungsübungen**
von K. Schreiner, 160 S., 52 Farbfotos, 92 mehrfarbige Zeichnungen, kartoniert
**ISBN:** 3-8068-**1571**-2
**DM 24,90,** öS 185,–

FALKEN

**Der Spezialist für nützliche Bücher**

Stand der Preise 1.6.1996 · Preisänderungen vorbehalten